Copyright ©2022, Dr. COSTA P.

Marca editorial: The One, Independently published.

Corretor/Revisor: Cathy Cherrak

Tradução: Adérito Francisco Huó

Capa: Mateus Rocha de Carvalho

Todos os direitos reservados, inclusive o direito de reprodução total ou parcial da obra em qualquer forma.

PLENA CONSCIÊNCIA

LIÇÕES QUE DEVEM SER LIDAS ANTES DE DORMIR

À minha família,

Aos meus amigos,

Aos meus colegas,

Aos meus progenitores,

Principais fontes de inspiração.

| INTRODUÇÃO |

Um livro para adormecer... Nunca notaram no momento em que decidem adormecer o vosso espírito fica mais relaxado? Se nos adormecemos incomodados pelos problemas do dia-a-dia, a noite anuncia-se pesada e agitada. Ao contrário, a noite é serena e tranquila quando afundarmo-nos no sono com leveza. O objetivo deste livro é aquele de oferecer histórias simples, pequenas fábulas acessíveis a todos, que te permitam dar um passo para trás relativamente ao mundo, aos outros e mesmo a ti.

Trata-se, estimável leitor, de realçar evidências que muitas vezes não pertencem mais ao nosso mundo moderno onde estamos constantemente solicitados.

Uma primeira consciência essencial para que os efeitos positivos deste livro sejam reais é esta: ganhar consciência das preocupações, das solicitações que provenham de toda a parte, do peso da vida quotidiana que sobrecarrega o nosso inconsciente. É uma pequena voz interior que não nos deixa de modo nenhum sozinhos.

Em suma, mecanismos profundos estão em ação para "prostrar" as nossas vidas.

Contudo, existem modelos, se não de sabedoria, pelo menos de calma e tranquilidade, que abriram caminho a uma compreensão profunda destes desgastantes mecanismos.

****

Agrupei estas 69 pequenas histórias em sete temas que ajudar-te-ão a pensar e a adormecer, favorecendo um agradável deixar-se levar pelo momento do sono:

- Não julgar: os contos convidam para considerar o poder da observação, ou melhor o poder de observar a nós mesmos e os nossos mesmos automatismos, para desembaraçar gradualmente a sua presa em nós.

- A paciência: é uma virtude essencial da vida que se deve desenvolver por quem procura o bem-estar e a calma interior.

- A regeneração interior: como adaptar-se às situações da vida e desenvolver uma mentalidade adequada para desfrutar de todas as experiências.

- A confiança em si mesmo: a confiança e a autoestima são as bases indispensáveis para encontrar o seu valor interior, além dos condicionamentos e do olhar dos outros.

- A ausência das forças e a renúncia às expectativas: no nosso dia-a-dia, lutamos sempre contra a vida e a realidade assim como é. Nós "desejamos" e esta vontade obtém-se com a dor, com a força. Não existe outro modo para contentar-se?

- A aceitação das coisas: a nossa mente distorce a realidade para deixá-la corresponder àquilo que se deseja. Efetivamente, não aceitamos por ventura as coisas quando não ocorrem como queremos.

- Pensar e deixar andar as coisas: trata-se de realizar a omnipresença de pensamentos e emoções da nossa vida quotidiana; ganhando consciência da sua natureza, podemos aligeirar o peso.

****

Estes temas representam sete pilares sobre os quais se deve construir uma vida mais serena e sabia. Esta "consciência" é fundamental: oferece um passo para trás por si só e, desta maneira, a oportunidade para desvincularse daquilo que nos preocupa, nos deixa ruminar e sofrer. Tal é o poder da *Consciência*.

Estas palavras existiram sempre na boca dos sábios, e se sobreviveram durante séculos não é um caso: trazem dentro de si uma dimensão universal, expressão de bom senso e espirito de observação.

Tornando-se conscientes das nossas inquietações, podemos agir sobre elas. Podes começar com a leitura atenta destas histórias, quando estiver a adormecer.

Como obter o máximo a partir deste livro? Aconselho-te para ler apenas uma história por noite, antes de prontificar-te para dormir. Por que próprio naquele momento? Porque é precisamente durante o sono que a tua mente está principalmente em condições de ancorá-los em si mesma, de apropriar-se delas. Se estas fábulas forem aparentemente simples, o seu poder de transformação interior pode ser enorme.

Leia uma história por cada noite e deixa que cresça em ti. Claramente parecer-te-ão contos muito acessíveis em termos de compreensão, mas trazem um significado que pouco a pouco imprimir-se-á em ti. Este é o seu segredo. Esta é a magia da *Mindfulness*: mesmo no sono, o efeito destes contos difundir-se-á, realizar-se-á em ti, impregnar-te-á. Existe realmente a ideia de um processo da infusão, maturação, lento, progressivo e continuo.

Portanto é necessário assimilar cada uma destas histórias, com paciência, com método. Não hesitar em reler o livro todas as vezes que sentir a necessidade, ou deter-se numa história que te marcou mais do que uma outra (depois de uma primeira leitura completa). Com isso, desejo-vos uma boa leitura. Estas fábulas podem proporcionar-vos o bem-estar, serenidade e consciência dos bloqueios que atuam em cada um de vocês.

| 1 |

| VIVER AS PRÓPRIAS EMOÇÕES |

NÃO JULGAR

«Os sábios propunham novas ideias, os tolos difundem-nas.»

Heinrich Heine

Era uma vez um homem sábio que escolheu retirar-se numa gruta e para sair só após de ter completamente dominado as suas emoções. A gente o observava ao longe, o admirava e chamavam-no santo eremita.

Apenas na sua caverna, longe de todos e de tudo, passando a maior parte do seu tempo em meditações chegou, após anos e anos, a ter o completo controlo das suas emoções. Acabou desta maneira, no final da sua vida, por não sentir mais nenhuma emoção, o seu retiro do mundo era tão radical que tinha quase esquecido o próprio nome.

Estava orgulhoso por ter alcançado o seu objetivo e sentia que tivesse levado a vida de um santo, que tivesse encontrado o caminho da sabedoria.

Todavia na cama da morte, na sua caverna, foi dominado pela nostalgia: "Existe tantas coisas que não vivi, tantas alegrias frustradas. Ai de mim! É bastante tarde".

Foi durante a sua última agonia que finalmente percebeu que a sabedoria não consiste em rejeitar as emoções e em proteger-se delas, mas em vivê-las conscientemente.

Sentes todas as emoções ou procuras descarregar aquelas mais negativas da tua vida?

| 2 |

| O HOMEM ATAREFADO |

AS VIRTUDES DA PACIÊNCIA

« Serenidade constante, disponibilidade para com os outros, múltiplos interesses são os verdadeiros donos do tempo, porque sabem dar um passo atrás, ajuntar humorismo. »

Jean-Louis Servan-Schreiber

Um ancião caminha com a sua bengala pelos corredores de uma clínica privada: imobiliza-se diante de um relógio suspira desesperado. No passado era um enérgico empresário e levava uma vida viva: sempre em movimento, tinha sempre em mente um monte de projetos aos quais tinha que dar vida. A sua empresa era a sua imagem: devia mover-se, não conseguia ficar parado. Impensável estar ali sem fazer nada: precisava de ação perpétua. Tinha sempre algo a fazer, alguém por ver. Sempre em partida para novos lugares; sempre novos mercados por conquistar. A sua vida foi assim: um fluxo contínuo de tumultos e excitação. Agora, aos 87 anos, é obrigado a viver num lar da terceira idade. Vagueia pelos corredores, atormentado por causa de não ter nada para fazer. A espera é longa: a sua vida está enfim nas suas costas. Uma situação insuportável que o deixa sentir-se perdido e impotente.

— Talvez era bastante ativo. Talvez, eu não aprendi a ser, a desenvolver a paciência...

O nosso mundo moderno nos instiga
constantemente a estarmos ocupados. Mas a
paciência é uma porta aberta ao simples facto
de estar: estar sem querer, estar sem fazer
nada.

| 3 |

| A INSÓNIA |

AS VIRTUDES DA PACIÊNCIA

«O sono é o único amigo que nunca vem quando o solicitamos. »

Diane de Beausacq

— Doutor, não consigo mais dormir, afirma uma jovem mulher.

— Ah ? E desde quando?

— Enfim passam vários meses... Mas nas últimas duas semanas, se durmo duas horas à noite, já é suficiente.

O doutor a repara perguntando-lhe:

— Vivenciou um acontecimento particular que justificaria a causa desta insónia?

— Não, não particularmente. Estou apenas stressada e vivo a cem milhas à hora. Mas foi sempre assim... e nenhum particular choque na minha vida...

— Fecha os olhos. Iremos tentar descobrir o que acontece quando está na cama. Diga-me o que está a acontecer dentro da senhora...

— Pois bem... Penso na minha jornada de amanhã e em tudo aquilo que devo fazer... e depois digo dentro de mim: "ânimo, agora é o momento para dormir".

— E depois?

— Nada... Reparo os minutos do despertador, enquanto as horas passam.

— O que parece para si?

— Os pensamentos que despontam na minha mente são: "ânimo! Tenho que dormir", diz enfadada.

— Está bem. Eis o que deve fazer esta noite... retoma o doutor.

Mais tarde, a jovem mulher encontrava-se próximo da sua cama e com espanto pensa:

— Bom. Nenhum medicamento... Apenas uma frase por repetir... no ponto em que me encontro, poderia também seguir o seu conselho, no fim de contas.

Deita-se na cama, tapa-se com o cobertor, desliga o despertador e começa a repetir, com um fôlego lento e suave:

— Prefiro acolher o sono.

Vinte minutos depois, adormece profundamente.

Transformando os «eu devo» e os «eu preciso» com a benevolência para consigo mesmo, ao acolher e sem pressões, evitam-se muitas armadilhas da impaciência.

| 4 |

| A SENTINELA |

A REGENERAÇÃO INTERIOR
« Muitas vezes esquecemos de sentir a magia do momento presente e todavia, é Ela que constrói o cenário da nossa vida. »

Michel Bouthot

Havia uma sentinela, um soldado de guarda da porta de um campo algures no deserto. Diante dele não via outra coisa que uma enorme extensão de areia com catos poucos densos, arbustos coriáceos e moitas de ervas amarelecidas. Fixo, o sol branco, alto no céu.

Todos os dias, ao alvorecer, a sentinela assumia o seu posto e substituía a sentinela do turno da noite.

«Que horror esta vida... Todos os dias são iguais» pudera dizer.

«Que horror, este deserto, devastado e árido» dissera.

Mas a sentinela não se queixava por acaso. Não se queixava do seu triste destino.

Ficar no deserto lhe tornara mais sabia.

No primeiro ano, pensava que iria morrer de tédio, com o seu sangue que fervia pela falta de ações e pela impaciência.

No segundo ano, deixou-se subjugar pelo desconforto e todo o seu corpo protestou pelo ócio.

No quinto ano, o desespero lhe transformara como uma carapaça vazia.

Mas, no sexto ano, as coisas mudaram: nenhum dia foi mais como o anterior. Um dia, viu os catos desabrocharem e este soberbo espetáculo encantou a jornada; outra vez um outro dia, a manhã foi doce e confortadora, um outro, notou pela primeira vez o esplendor do céu… o deserto não foi mais o mesmo, não mais vazio como antes. Era a serenidade absoluta.

Foi desta maneira que a vida da sentinela tornou-se diferente.

Cada momento da vida é novo; merece de ser desfrutado.

| 5 |

| OS MÚSICOS |

A CONFIANÇA EM SI MESMO

« O fracasso é uma sensação, muito antes de ser uma realidade. É o resultado da combinação entre vulnerabilidade e falta de confiança em si mesmo, que é depois agravada, muitas vezes deliberadamente, pelo medo. »

Michelle Obama

Era uma vez um diretor da orquestra como poucos. Estava atingindo o auge da sua carreira, tanto que todos os amantes da música tinham ouvido pelo menos uma vez uma das suas interpretações das obras-primas de Bach, Mozart ou Beethoven. Estava procurando quatro violinistas excecionais para a sua última criação. Conhecendo a sua dureza, as suas exigências e o seu talento, poucos músicos ousaram apresentar-se para as audições. Mas algumas dezenas de homens corajosos aventuraram-se e depois de algumas seleções tinham ficado de fora apenas quatro violinistas. O primeiro tocou brilhantemente, o segundo maravilhosamente, o terceiro sumptuosamente e o último com encanto.

Todos esperavam numa pequena sala, enquanto fechado no seu estúdio o maestro estava indeciso sobre a escolha. Tinha comparado as qualidades dos pretendentes durante quase duas horas. Na verdade gostava tanto assim dos quatro músicos que não sabia a quem escolher entre eles. Foi assim que preferiu assumi-los todos os quatro. Mas quando abriu a porta descobriu para a sua surpresa que tinha permanecido apenas um violinista.

— Onde estão os outros? Perguntou.

— O primeiro percebeu a sua longa hesitação como uma rejeição: foi-se embora.

— E o segundo?

— Depois de ter-se roído as unhas pela ansiedade... Não pôde mais esperar e preferiu ir para casa.

— E o terceiro?

— Quando viu os outros dois grandes virtuosos irem embora, pensou que eles tinham-se rendido, não teria tido nenhuma possibilidade.

— E você?

— Ora bem, imaginei que se hesitou tanto assim, foi porque lhe agradava a nossa música e logo eu também tinha algumas possibilidades, ao menos como os outros. Por isso fiquei.

Naturalmente foi ele a obter o cargo.

A tua autoestima é a chave para múltiplas oportunidades.

| 6 |

| O MILIONÁRIO |

SEM ESFORÇOS, SEM EXPECTATIVAS

> *« Não perca tempo querendo contentar a todos.*
> *Transforma a tua primeira prioridade e abra os braços à*
> *felicidade. »*

Rémi Ballot

Ao término da sua vida, um rico homem de negócios contempla à sua volta todos os objetos que tinha acumulado.

Quadros magníficos, vasos engastados com pedras preciosas, móveis em madeiras raras. E depois, iate, apartamentos em todo o mundo, mesmo carros de luxo. As contas bancárias cheias até às bordas. Tem tudo aquilo que queria. Tinha trabalhado duro por isso: toda a sua vida e as suas energias foram dedicadas à sua realização pessoal. Contudo, impotente, na cama da morte, quase incapaz para se mover, o milionário disse consigo mesmo desconfortado:

— Muito trabalho, suor e stresse para chegar aqui. Muita energia dedicada para acumular todos estes objetos. E agora, o que posso almejar ainda' não há mais nada a desejar. Aqui estou circundado por objetos que não me servem mais…

Uma voz miúda sussurrou-lhe:

— Talvez, podes começar a ser, sem desejar ou pretender nada...

O homem deixou-se levar por esta ideia e pela primeira vez, sentiu dentro de si um relaxamento e uma leveza que

nenhum objeto ou nenhuma sua empresa tinham-no até
agora concedido.

**Quando interrompemos de conceder a
prioridade ao ter e ao fazer, fica apenas a
presença: é o ser. É a magia e a simplicidade do
ser.**

| **7** |

| O TESOURO ESCONDIDO |

AGIR CONSCIENTEMENTE

*«A inveja é o tesouro dos nossos sucessos sonhados e
jamais alcançados, das nossas intenções ineficazes, dos
nossos pensamentos sem execução. »*

Honoré de Balzac

Está claro, desta vez apropriar-se-á disto! Aquele arqueólogo explorador tinha estudado e pesquisado aquele templo Maya perdido e esquecido a mais de trinta anos. Apenas ele sabia da sua existência.

Ali dedicou toda a sua vida: uma tese, muitas viagens... Sabe que o monumento estava lá, algures, entre as montanhas e a floresta amazónica. Sabe que naquele templo esquecido pelos homens encontraria uma pedra gravada; segundo uma lenda Maya, esconde um tesouro de valor inestimável.

Várias vezes tinha pensado em poder apropriar-se daquilo. Embora por vezes se sente desanimado não renunciou de forma alguma em continuar a pesquisa, cada vez mais obcecado e determinado.

Finalmente quando achou o templo, sentiu-se satisfeito. Tinha enfim 70 anos, mas no fim tinha alcançado o propósito cujo dedicou toda a sua vida, o desígnio que tinha condicionado toda a sua existência.

O templo estava em ruinas. Entrou na enorme sala principal. O silêncio reinava soberano tanto que só o rumor da sua respiração e o chilreio dos pássaros poderia ouvir.

20

Aproximou-se a uma grande laje: sabia que era ali que se encontrava o sagrado tesouro. Achou apenas uma inscrição. Soprou na poeira para lê-la:

« *O único tesouro dos homens é não deixar-se enganar pelo espírito*».

A frase atingiu-o profundamente: deu-se conta de que a obsessão de procurar o templo lhe tinha arruinado a vida. Tinha-lhe impedido de viver, como uma isca para a sua mente da qual nunca tinha-se dado conta.

Quando percebemos o condicionamento na nossa mente, podemos livrar-nos dele, encontrar o nosso tesouro interno.

| 8 |

| COLHA O PRESENTE |

ACEITAR

«Lhe agradava prolongar este estado de latência, de entorpecimento, não esperar nada, deixar que as coisas andem de como vieram, acolher o fim do tempo. »

Delphine de Vigan

Era uma vez, num pasto, uma jovem aveleira crescia pouco distante de um enorme carvalho. Era verão e um sol magnífico fendia os seus raios no céu imaculado.

— Está demasiado quente! As minhas raízes estão desprovidas de água, diz a aveleira.

Depois chegou o outono e com ele a chuva, vento e frio. E as nossas duas árvores perderam as folhas.

— Sinto-me nua sem os lençóis. Que estação horrível! Queixou-se a aveleira.

Chegou o inverno, o vento e também o gelo. Os corvos voavam rentes e grasnavam todo o dia nos campos pardos.

— O meu tronco arruinar-se-á com todo este gelo! Que tristeza mesmo este tempo! Gemeu a jovem árvore. Depois, a primavera voltou e as nossas árvores cobriram-se de tenras folhas verdes e flores amento…

— Que pena perder as minhas lindíssimas flores! Queixou-se a aveleira. O carvalho, que tinha sido paciente durante um ano, finalmente disse à sua jovem amiga:

— Jovem planta, passaste apenas um ano a queixar-se daquilo que estava a passar ou a entristecer-se daquilo que estava para suceder. Queres realmente a morte?

— Por nada!

— Podes fazer algo para mudar o tempo?

— não... Infelizmente!

— Sem dúvida. Mas a esta altura, a única coisa que pode mudar és tu. Aceita as coisas como são. O outono rega-te, o inverno proporciona-te o repouso, a primavera te desperta e o verão torna-te fecundo. Tal é a vida, aceita-a, seja grato, porque na verdade não tens algo melhor a fazer. Caso contrario nunca serás feliz. A jovem aveleira que queria ser feliz, compreendeu que o carvalho tinha razão. Desde logo seguiu a vida como conforme convinha.

Não podes controlar tudo na vida. A vida é feita de surpresas e até de imprevistos. Quando cessamos de querer controlar tudo, estamos na aceitação da vida.

| 9 |

| A CANA |

NÃO JULGAR

« A chave para uma vida feliz, é ter a memória curta. »

Jojo Moyes

Uma antiga cana tinha sido plantada no solo. Parecia que estivesse bloqueada ali para sempre. Uma jovem garça, cheio de condescendência:

— Está a preparar-se uma tempestade; eu não fico, fujo. Não está longe. Mas tu, pobre haste plantado, terás de afrontar ventos muito fortes capazes de derrubar um carvalho. Não podes resistir...

— Não temo nada. Olha esta planície pantanosa. Há cem anos estava coberta de árvores. Caíram todas, ceifadas pelo vento e pela tempestade. Vi e irei ver outra vez. Não estou apavorada.

— Como é que fazes? Qual é o teu segredo? Retomou a palavra a garça espantada.

— O meu segredo? Não resisto e observo.

— Não percebo, disse o animal.

— Pois bem, quando os ventos sopram à minha direção, não me oponho contra eles: os deixo soprar à minha direção como tencionam e apenas observo...

— E depois?

— Isto é tudo.

Como a cana curva-se à tempestade sem quebrar-se, podes deixar que os pensamentos e acontecimentos desencadeiem-se dentro de ti simplesmente observando-os.

| 10 |

| O PODER DO SORRISO |

AS VIRTUDES DA PACIÊNCIA

« Risadas e sono são o melhor remédio do mundo. »

Proverbe Irlandais

Numa segunda-feira de manhã, por baixo de um clima cinzento de Paris, uma jovem tesoureira – a chamamos Alice – vai ao trabalho, como todas as semanas. E, como todas as segundas feiras, não quer lá ir. Faz frio, chove e apenas é o primeiro dia daquela semana de novembro. Mas apercebe-se também de não ser a única a "encará-lo": os passantes lhe parecem sombrios como o asfalto; os passageiros do metro sem um pio, o olhar sombrio e preocupado.

Chega ao trabalho. Não lhe apraz o seu trabalho. O seu chefe lhe dá as instruções para o dia num tom perentório.

Os clientes sucedessem-se na rotina quotidiana. Têm pressa, estão resfriados e parecem indispostos. Todos parecem tristes e parece que trazem o peso do mundo nas suas costas.

Alice, não vê a hora em que aquela jornada termine: tudo está sombrio, como a sua vida. Começa a dizer a si mesma que não vale nada, que está condenada a esta vida, que está perdida.

De repente, uma jovem mulher diáfana a distrai dos seus pensamentos:

— Até logo! E obrigada por tudo! Diz esta última enquanto termina de recolocar no carrinho as compras que Alice lhe tinha dado sem dar-se conta sequer.

— Hum... Obrigado. Até mais ver, responde Alice, um pouco surpresa.

A jovem cliente lhe dirigiu um abrangente sorriso, precisamente desta forma, espontaneamente.

Alice sente dentro de si uma vibração positiva: aquela jovem mulher tinha-lhe restituído a alegria e confiança.

E tu, quantas pessoas como esta jovem cliente encontras habitualmente?

| 11 |

| MEDITAR A TODO O CUSTO |

AS VIRTUDES DA PACIÊNCIA

« As nossas melhores mentes afirmam que toda esta história é completamente, cientificamente, racionalmente impossível. Mas não lhe importa de ser impossível, esta história. Lhe basta ser real. »

Pierre Pairault

— Está decidido! Amanhã começo a meditar! Anuncia Charlotte, uma rapariga ansiosa, àqueles que a circundam.

Que entusiasmo! Parece realmente determinada. No dia seguinte começa, mas não encontra a paciência para ficar assim por mais de cinco minutos.

Mais passam os dias, mais a sua dedicação desmorona-se. Há sempre algo a fazer, sempre uma boa desculpa: «esta noite, não há tempo: devo terminar algumas incumbências»; «oh não o farei amanhã, ainda não fiz compras» ou ainda «esta noite, estou cansada» ou então «vou a cidade para beber algo, far-me-á bem».

Contudo, todos fins-de-semana promete-se firmemente consigo mesma para começar. Mas nada a fazer... Ou melhor, há sempre algo por fazer… o tempo passa… até que chegue a pensão, Charlotte tem ainda a intenção para exercitar-se, mas em vão.

Pede conselhos a um aprendiz diligente que conhece e que vive no seu bairro.

A sua resposta é clara:

— Todas as vezes que procuras «fazer» a meditação, a tua mente guiar-te-á sempre a qualquer outra coisa.

— Mas, então como posso contornar esta dificuldade? Suplica Charlotte.

— Não há nada a fazer, nada a almejar, nada a ter. Há somente para ser, apenas aquilo...

Estar ali, presente e consciente e não dar ouvidos a mente que nos instiga a fazer e a querer sempre, é o primeiro passo para a paciência e a serenidade.

| 12 |

| O MAIS FORTE ENTRE OS ANIMAIS |

A REGENERAÇÃO INTERIOR

« Mal tens um pouco de poder, ficas diferente mas se não temos mais nada para te oferecer, tornas-te desdenhoso. Aplicaste corretamente a regra que te levou onde estás hoje: Forte com os fracos, fraco com os poderosos. »

Karine Tuil

Karine Tuil

Como sempre acontece entre os animais, havia grandes disputas sobre quem fosse o mais forte, o mais valoroso ou o mais poderoso. Os egos colidiam com longas verbosidades, rugidos, alaridos e por vezes presas e garras punham fim às discussões.

Naquele dia, o tigre explicou à assembleia que era ele o animal mais forte. O grande elefante riu de chacota, agarrou a robusta mangueira e a arrancou pela raiz com um golpe da sua robusta tromba.

Todos concordavam sobre o facto de que o elefante fosse o animal mais forte. O paquiderme tinha-se empolado tanto que não se sentia mais à vontade.

Mas o tigre interveio:

— Elefante diga-me quanto pesas?

— Peso seis toneladas!

— E quanto podes carregar?

— Os humanos dizem que posso carregar nove toneladas.

Toda a assembleia lançou um grito pelo espanto...

Mas o tigre, alisando-se a sua pelagem, disse:

— Nada mal... Mas eu posso levantar mais que quinhentos quilos! É o dobro do meu peso! Portanto, proporcionalmente sou o mais forte que tu.

Houve um silêncio exclamativo na assembleia e todos foram congratular-se com o tigre.

Mas um humilde escaravelho dos estercos, encarrapitado numa rocha, disse:

— Está tudo bem... E então o que dizes de mim?

O tigre, o elefante e todos os animais explodiram de tanto rir:

— Estamos claros! Quem admirar-te-ia? Passas o teu tempo a rebolar uma bola de excrementos na savana! Qual é a tua força?

— Aprendam, caros amigos, que nos escaravelhos dos estercos somos úteis para limpar as vossas imundícias e por isso merecemos o vosso respeito...

O tigre e o elefante trocaram-se o olhar embaraçados, mas não disseram nada.

— ... Que a nossa força, continuava o escaravelho dos estercos, se formos a seguir os cálculos do tigre é imensurável com a tua: ou melhor, todos os dias, modestamente, empurro, puxo e levo mais que... Mil vezes o meu peso.

Naquele dia, os animais, embaraçados, cessaram com toda a polémica e foram-se embora, cada um no seu canto, digerindo esta pequena lição de humildade.

Em cada um de nós existem uma força interior e alguns recursos. Quiçá é através da sua consciência que começa a autoestima.

| **13** |

| O COMBATENTE ROMANO |

A CONFIANÇA EM SI

> *« Como se ocorresse envelhecer para apreciar o passar do tempo, impor uma semana de dieta para melhor degustar uma boa refeição. Conferir-se algumas privações para merecer o prazer?»*

Michel Bussi

Era uma vez um jovem gladiador na antiga Roma de nome Nimrod.

Mirmidoni, lutadores e combatentes tinham sempre perdido contra ele. Não importa o quão fossem determinantes e agressivos (por favor acreditem em mim quando vos digo que não eram rapazes do coro), quando chegou o dia do combate, entraram na arena tremendo, combatendo mal e porcamente.

Não encontrando mais um adversário a altura, para aplacar a sua sede de vitórias e honras, o jovem Nimrod deslocou-se para desafiar um velho lutador que estava afiando a sua espada ao sol, às margens da arena. O velho deixou-se repetir o pedido, hesitou, pensou e por fim aceitou a luta.

Agora é o momento para vos revelar o segredo de Nimrod: tinha, na tenra idade, adotado um pequeno demónio, o qual, num momento de grande inspiração, sussurrava à orelha esquerda dos adversários do seu dono todo género de mensagens derrotistas. Isto fazia com que eles perdessem toda a confiança em si mesmos.

33

No dia anterior do seu combate, Nimrod mandou o seu demónio para desencorajar o velho combatente no sono, fazendo-lhe sussurrar palavras negativas na cavidade da orelha esquerda. Chegou a manhã, Nimrod entrou na arena triunfante, mas quando viu o velho aproximar-se com um passo tranquilo, ficou preocupado. Durante a primeira troca de golpes, tinha encontrado um adversário determinado a vencer! Nimrod questionou-se sobre o que estava a acontecer, hesitou, transpirou e sem delongas o velho fez-lhe morder a poeira.

Perguntou Nimrod, no chão, com sangue na boca:

— Mas... Velho, como é que tu conseguiste derrubar-me?

— Eh? O quê? Disse o velho guerreiro. Fala mais alto, tenho problema de audição no ouvido esquerdo!

Outros, por vezes, procuram impor-se sobre ti. Confiança e calma serão as tuas melhores armas.

| AQUELE QUE QUIS ENSINAR |

SEM ESFORÇO, SEM EXPECTATIVAS

«Quanto mais nos distanciamos do evento, torna-se mais difícil distinguir uma coisa como possível causa.»

Russell Banks

Um valente professor de meditação gozava de muito sucesso. As suas turmas ficavam sempre cheias e os seus estudantes ficavam cada vez mais numerosos. Um dia perguntou um jovem discípulo impaciente e impetuoso, que há vários anos estudava diligentemente a meditação:

— Diga-me, em quanto tempo tornar-me-ei um hábil instrutor de meditação? Perguntou cheio de entusiasmo e de orgulho.

O professor pensou durante um tempinho, depois disse friamente: - Quanto a mim no mínimo trinta anos.

O aluno muito insatisfeito e desiludido respondeu:

— Ah... Pois bem... Muito tempo! E se trabalhar duro, dia e noite, se me exercito intensamente na meditação, praticar incansavelmente, quanto tempo levarei??

Pois o professor pensou mais outra vez, mais demoradamente, depois lhe deu esta resposta:

— Neste caso no mínimo cinquenta anos.

— O quê? Exclamou o estudante... Mas o que devo fazer? Diga-me... Estou disposto a me empenhar muito!

— Todo o esforço que fazes não fará outra coisa senão levar-te longe do verdadeiro princípio da meditação.

A meditação não é uma competição onde são solicitados assiduidade e esforço... Trata-se simplesmente de existir. Nada mais.

| 15 |

| AS CORES DA VIDA |

AGIR CONSCIENTEMENTE

« O olhar se calhar está sempre sob influência de alguma coisa, e depende de uma capacidade de confrontar algo com um outro.»

Vidiadhar Surajprasad Naipaul

Esta é a história de dois irmãos gémeos. São fisicamente em tudo semelhantes, mas as suas personalidades são diametralmente opostas: um é negativo, excessivamente precavido, autodestrutivo; o outro é naturalmente otimista e seguro de si e ama a si mesmo e os outros. A parte a sua semelhança física, usam as mesmas roupas, caminham da mesma forma, mas não têm o mesmo temperamento.
Os dois, e a sua incrível relação "amor-odio", foram amplamente estudados por vários pesquisadores os quais demonstraram mesmo como dois gémeos crescidos de maneira ou pouco mais ou menos idêntica possam tornar-se tao diferentes.

A vida deles e a trajetória deles são quase as mesmas. Frequentaram os mesmos estudos e agora têm igualmente o mesmo trabalho. A vida deles evoluiu paralelamente.

Todavia, o primeiro vê a sua vida desilusiva e depressiva. O outro, pelo contrário, sente-se bem: vive suavemente e feliz.

Efetivamente, ao passo que as vidas podem ser comparáveis, um fator muda drasticamente o destino das pessoas: os pensamentos interiores.

Se coloras de cinzento os teus dias, assim será a tua vida; se os coloras com cores brilhantes, também a tua vida será mais luminosa.

| 16 |

| PACIÊNCIA E ACEITAÇÃO |

ACEITAR

*« O teu amigo é a resposta às tuas exigências. Ele é o
campo que semeias com amor e ceifas com gratidão. Ele é
a tua mesa preparada e a tua lareira. Porque é por ele
esfaimado e a procura da paz.»*

Khalil Gibran

Foi há muito tempo. Os astrólogos dos dois reinos
vizinhos foram categóricos: as colheitas teriam sido
péssimas, numerosos insetos predadores e a carestia ter-se-
iam enfurecido durante anos subsequentes. Ambos os reis
acreditavam nos seus astrólogos e estes presságios eram
particularmente inquietantes. O primeiro rei decidiu não
deixar que acontecesse: fez virar a terra duas vezes ao em
vez de uma e regado mais que o normal. Os camponeses
deviam estrumar a terra, regá-la e trabalhá-la
incansavelmente. Quando chegaram os insetos, os homens
passavam todas as noites a recolhê-los com as mãos e
eliminá-los. Não obstante todos estes esforços, as colheitas
foram escassos durante anos. A gente vivia na preocupação,
na fadiga e na veneração por um rei que tinha agido com
tanta veemência, uma vez que todos imaginavam o horror
que teria sido se não tivesse sido feito nada. Mas no
segundo reino ao lado, o rei exortou a todos... para serem
pacientes. Devias poupar as tuas forças e não danificar a
terra, disse o rei ao outro.

À espera de momentos mais propícios, os camponeses
não moveram mais a terra e plantavam entre as crvas

39

silvestres e as ervas daninhas. Regavam pouco, deixando crescer as plantas mais resistentes e menos exigentes. Não se ocuparam mais pelos insetos, e se o primeiro ano fora duro desde então para cá a abundancia de gafanhotos e pulgões atraiu desta maneira muitos predadores que os camponeses não tiveram mais nada a fazer. Além de que, as ervas daninhas puderam nutrir muitos animais que de outra maneira teriam fugido ou teriam atacado as colheitas. O reino superou pacificamente a crise anunciada e todos regozijaram-se pela sabedoria do rei.

Há períodos da vida mais duros que os outros, dias mais sombrios. A paciência é a virtude que te possibilita dizer que não durará: deves deixar passar o tempo e ter confiança na mudança.

| 17 |

| COSCUVILHICES |

NÃO JULGAR

« Se sofres por uma causa externa, não é ela que te dá maçada, é o juízo que lhe dás.»

Marc Aurèle

As duas amigas adoravam encontrar-se com frequência nos terraços dos cafés para se dedicar ao seu jogo preferido: a fofoca.

— Olha aquela, como está vestida!

— Meu Deus... Deverias dizer-lha. E viste aquela lá em baixo: é magra e tem uns cabelos bonitos, mas depois, reparando como caminha, parece um pinguim.

— Oh e ela, ali, perto do empregado de mesa. Que vulgaridade com aquele decote.

— E o empregado de mesa: parece realmente baixinho.

— Eis porque é um empregado de mesa!" Olha o rapaz próximo da entrada...

— Que tipo... E aquele casaco: traje dos anos '80.

Fartavam-se de rir e passavam horas inteiras a julgar, zombar, examinar as pessoas à sua volta. E isto durante anos.

Porém um dia:

— Viste aquela quem julga-se ser?" Acha-se Miss Mundo.

— Se não se tem mais de 20 anos, é preciso parar de achar-se Miss Universo, isto está claro.

41

Um homem estava sentado decerto atrás delas. Esforçava-se lendo o jornal enquanto as fofocas interferiam com a sua leitura. Por fim levantou-se para ir-se embora, mas antes extraiu um pequeno espelho da pasta.

Aproximou-se às duas amigas e apontou o espelho em cada uma delas.

"Bom dia!" Acrescentou antes de partir.

Quando julgamos os outros, quem nos julga? Quando julgamos os outros, achamos que somos perfeitos e superiores?

| 18 |

| O MESTRE E O SAMURAI |

AS VIRTUDES DA PACIÊNCIA

*« Os homens são impossíveis e pensar que algures, a
sua vida deve recomeçar do princípio. Sonham
constantemente com um paraíso perdido.»*

Dominique Blondeau

Um conto Zen japonês narra a história de um samurai
que se apresentou diante de um mestre Zen Hakuin e lhe
disse:

— O inferno e o paraíso existem realmente?

— Quem és? Perguntou o mestre, sentado
silenciosamente, circundado por árvores embaladas por
vento.

— Eu sou Tomoshi, samurai, afirmou cheio de
arrogância e de desprezo por aqueles que não conheciam o
seu notável nome.

— Tu, um guerreiro! Exclama Hakuin. Só dá para rir!
Que senhor pretenderia ter-te ao seu serviço? Estás vestido
como um mendicante.

O samurai, possuído por uma macabra raiva, pegou a
sua sabre pronto para extrai-la da bainha.

Hakuin prosseguiu:

— Tens mesmo uma espada! Mas acho que és
provavelmente, demasiado desajeitado para me talhar a
cabeça! Não és digno de possui-la.

Fora de si, o samurai ergueu a espada, pronto para atacar o mestre. Este último anunciou, com multa calma:

— É aqui que se abrem as portas do inferno.

Surpreso pela desconcertante calma do monge, o samurai deixou cair a espada e curvou-se.

— É aqui que se abrem as portas do paraíso, concluiu o mestre.

A sabedoria começa quando nos tornamos conscientes da omnipotência da nossa mente. A paciência começa quando gradualmente reassume o controlo.

| 19 |

| RUMORES |

AS VIRTUDES DA PACIÊNCIA

«Nos dias de hoje, o único nível que sobe é aquela do rumor.»

Georges Picard

Quando o seu médico lhe diagnosticou o seu problema, o baterista de uma famosa banda de rock teve que interromper a sua turné. A palavra descamba como um cutelo: "acuofénio".

Veio substituído. Mas a coisa mais grave e difícil com a qual conviver era outra: era regularmente acometido por rumores estranhos, irritantes, que o isolavam do mundo externo e lhe causavam dor de cabeça.

Os seus caprichos tornavam-no iracundo. Tornara-se impaciente, nervoso, sempre em alerta: desde que desatara a crise começou a sentir-se mal. Toda a sua vida estava condicionada pelo seu acuofénio; tudo girava em torno destes momentos de angústia, porque os rumores interiores tornavam-se cada vez mais dolorosos. A vida do nosso músico tinha-se transformado para sempre, arruinada pela angústia, pelos pensamentos sobre o futuro. A única vista de um instrumento musical lhe dava a náusea. Ficara deprimido, sozinho e amargurado.

Por acaso descobriu um livro sobre a sabedoria e uma frase capturou a sua atenção: "Existe apenas o presente: concentra-te sobre o momento". Ficou logo consciente dos seus maus pensamentos e foi como uma revelação ara ele:

os seus ataques de acuofénio tornaram-se a única obsessão da sua vida; tinham-no envenenado.

— É o momento em que as coisas mudam.

Aprendeu a concentrar-se sobre o presente. Oh! Claro, os seus problemas de acuofénio não foram resolvidos... Mas isso não impediu de dar continuidade a outros projetos, de viver o momento presente. Voltou a formar um outro grupo musical.

A vida deve ser vivida no presente: focando-nos no futuro de forma prematura, não construímos nada. Sofremos.

| 20 |

| O ARTISTA E O MENDICANTE |

A REGENERAÇÃO INTERIOR

«No fim de contas, o que podemos obter olhando sempre para trás e culpar-nos nós mesmos, porque as nossas vidas não tiveram precisamente um andamento como almejaríamos ?»

Kazuo Ishiguro

Um grande ator teve um sucesso clamoroso. Noite após noite, tinha-se exaltado por auditórios cheios e aplausos. Tinha sido elogiado, homenageado, admirado. A sua voz de Shakespeare, Musset, Racine... e tudo aquilo que o tinha tornado orgulhoso. Mas uma vez que sabia que era odioso, interpretou também o "modesto" na vida. Um dia esbarrou com um mendicante que pedia caridade. Deu-lhe com condescendência uma nota de dez euros, aconselhando-lhe para trabalhar.

— "E onde quer que eu trabalhe, senhor?"

— "Não sei... Qualquer sítio?"

— Achas que a vida seja tão simples na minha situação?

— Algo eu sei da tua vida: já interpretei o papel de mendicante", lhe disse o ator.

— Era uma peça sobre a minha pessoa? Disse o mendicante, fingindo de estar surpreso.

— Uh não... Mas era um mendicante, pois...

— ...Pois todas as pessoas praticam beneficência da mesma maneira?

— Uh... Não disse isso... mas existe coisas comuns.

— Somos honestos: estou na rua por que mereço ou por desgraça?

— Um pouco das duas coisas.

— Por isso mereci o meu destino?

— Sem dúvida fizeste das tuas, disse o artista cada vez mais embaraçado.

— Não sinto embaraço ao dizer estas sem saber absolutamente nada sobre mim? O artista virou os seus tacões e distanciou-se, feliz porque não houve mais ninguém a ouvi-lo. E pensou nos seus preconceitos.

Não é de forma alguma oportuno culpar alguém em dificuldades. Manter-se humilde quando o vento sopra para a direção certa é uma das regras de vida mais importante.

| 21 |

| SEMENTES |

A CONFIANÇA EM SI MESMO

«Continue humilde diante dos factos, mantenha-te
orgulhoso defronte das crenças.»

Hugh Laurie

Um velho camponês, abatido pelo peso dos anos, estava prestes a morrer. Tinha sido um homem reto, bom e trabalhoso durante toda a vida. Tendo quatro filhos e não sabendo escolher a quem deixaria a sua modesta fazenda decidiu premiar o mais honesto.

Convocou os seus filhos no seu aposento e disse a eles:

"Meus filhos, a minha força está a abandonar-me e muito em breve não estarei mais entre vocês. Devo escolher aquele que irá cultivar os meus campos e que irá manter a minha fazenda bela e próspera. Eis o que me levou a dar a cada um de vocês uma semente. Quem, dentro de quatro semanas, terá tomado o melhor cuidado desta semente, ter-me-á demonstrado que merece a fazenda.

Os quatro rapazes partiram e foram plantar a sua preciosa semente, quem num vaso, quem num pouco de humo, do que numa boa terra... O mais jovem chamava-se Basile, e em vão deu-se o que fazer, regou, aqueceu, colocou a semente ao sol... mas nada brotou no seu vaso. Refutou de ludibriar porque achava indigno de si e continuou intrépido pelo desespero, a cuidar da sua semente que não germinava! Duas semanas depois, o pai chamou os seus filhos, que apresentaram-se cada um com o seu vaso. Três dos rapazes trouxeram com orgulho uma planta com boas dimensões. Basile, pelo contrário, tinha apenas a panela vazia e os olhos cheios de lagrimas... Devia admitir que os seus irmãos pareciam ter sido melhores do que ele.

O pai lhe disse:

— Pois bem, tu, meu filho, terás a fazenda.

Os outros três protestaram, referenciando que na panela do irmão não tinha desabrochado nada.

— É normal, disse o pai, aquelas velhas sementes não serviam mais para nada, secaram desde o ano passado...! Se as vossas sementes desabrocharam significa que desfizeram-se das minhas e arranjaram umas outras. Portanto, sem margem para dúvidas, aquele que mais cuidou da semente que vos dei foi Basile e não tu!

Basile regozijou-se consigo mesmo pela honestidade que conseguira manter.

Continuar honesto e coerente contigo mesmo é a forma mais segura para construir a própria vida e desenvolver a estabilidade interior.

| 22 |

| ESTAR CONSCIENTE |
SEM ESFORÇOS, SEM EXPECTATIVA

*« É bom fiar-se do passar do tempo: o futuro nos revela
sempre os seus segredos.»*

Eve Belisle

Num edifício de uma grande multinacional três homens
com roupas imaculadas aguardam diante do escritório do
diretor dos recursos humanos. Estão ali para uma
entrevista de trabalho. Uma prestigiosa posição de direção
é o objeto do concurso.

Dois deles estão nervosos: agitam-se, sapateiam. O
terceiro está mais que bastante sereno.

— Como é que consegues continuar zen dessa forma?
Procura saber um dos dois stressado.

— Estou acanhado, disse o terceiro. Eu estou realmente
em pânico.

— Tu também? Retomou o primeiro. Isto me
tranquiliza... Sempre tenho medo de claudicar.

— E eu, de não estar a altura. Confirma o terceiro. E
tu, pareces tão relaxado que até deixa perceber que sejas tu
que está à espera de um diretor na sala de espera...

— Pois bem... Não sei exatamente. Digamos que não
tenho mais qualidade ou habilidade relativamente a ti.
Mas, daquelas que tenho, estou consciente.

Naquele momento a porta abriu-se e o diretor convidou
o nosso homem para ir junto dele. E ele levantou-se com
firmeza.

Os outros dois olharam-se atónitos, meditando precisamente para desistirem mesmo antes da entrevista de tal forma que ficaram desfalecidos pela firmeza ostentada pelo outro.

Estarmos conscientes de si mesmos é uma alavanca para a confiança. Faz-nos lembrar a famosa máxima grega: "conhece-te a ti mesmo".

| 23 |

| CONFRONTAR NEM É SEMPRE JUSTO |

AGIR CONFORME A CONSCIÊNCIA

"É apenas a partir de um longo confronto dos factos que o homem mais sábio pode apreciar aquilo que os distingue.»
Mary Ann Evans

Num bosque, uma planta estava preocupada:

— Reparem como sou diferente de vocês, meus amigos, disse às sarças ao lado dela. Não tenho espinhos como vocês para defender-me. Não, não... Nem vos assemelho por nada. Eu sou feia.

No dia seguinte volveu-se aos arbustos:

— Reparem como sou diferente de vocês, meus amigos. Não tenho a vossa grandiosidade, nem os vossos lindos ramos. Sou pequena, relativamente a vocês que são altos e imponentes.

Estava claro que aquela planta, a única do seu género nas proximidades, não se sentia bem.

Depois chamou um esquilo que lhe passava ao lado todos os dias:

— És sortudo ao ter uma película tão linda e ao poder mover-te. Eu não tenho nada de tudo isso.

Mas quando os raios de sol irromperam, o esquilo não pudera prescindir de ressalvar.

— De todas as espécies animais e vegetais, tu és a mais bela. Comparando-te com os outros, não notaste que as tuas pétalas coloridas iluminam a mata? Não estás consciente do teu delicioso aroma?

A planta tinha-se efetivamente transformado numa magnífica flor selvática, com o cheiro delicado, que todos admiravam.

A comparação não é justa: a nossa voz interior é cada vez mais rápida em fazer-nos ver o que não temos ao invés de valorizarmo-nos.

| 24 |

| A ACEITAÇÃO NÃO É SUBMISSÃO|

ACEITAR

«Na cultura ocidental, fala-se sempre de liberdade. Só, para muitos de vocês, esta liberdade não é a liberdade de escolher entre as tantas possibilidades oferecidas pela existência, mas a simples submissão às paixões e aos impulsos.»

Bernard Minier

Um dia, um mercenário surpreendido pela neve, encontrou refúgio numa gruta. A atmosfera era branda e quente e um aroma de incenso pairava pelo ar: a gruta tinha sido habitada durante muitos anos por um eremita que se dizia que era muito sábio.

O guerreiro foi ter com ele e lhe pediu uma refeição. O eremita ofereceu-se gentilmente para partilhar a sua papa.

— Como!? Comes apenas esta porcaria para os porcos? Eu nutro-me com a comida mais deliciosa, oferecido pelos meus comitentes!

— De uma forma direta, consumo aquilo que chega e a maior parte das vezes acho-o delicioso. Aceito e recebo coisas: o vento, a chuva, o frio, como os frutos ou as visitas…

— Ugh! Não percebo como fazer para não te mover, para não viver e esperando de forma pouco racional mais que…

— Exato? Mais o quê?

— Mais que segurar a tua vida na mão! Para ser protagonista da tua vida! Rugiu o mercenário.

— Mas eu já sou protagonista da minha vida! Decido para estar aqui, aqui, agora. Medito todos os dias e depois desfruto cada segundo com plena consciência. E levo a minha vida como julgo oportuno!

— Aceitas que qualquer coisa suceda, eh? Apenas és na verdade um tolo!

O sábio deu uma terrível chapada ao guerreiro... Que depois de um instante de espanto desembainhou a espada e gritou:

— Tenciono acabar contigo!

— Se calhar... Mas podes ver que levo a minha vida como pretendo, que estou livre como tu, que não tenho medo da morte e não gosto que aquele a quem ofereço sustento e abrigo, insulta-me... de resto, aquilo que deve acontecer que aconteça...

E sem prestar mais atenção à ameaça da espada que ia estirado ao seu encontro, o sábio virou-se de novo e dirigiu ao combatente um enorme sorriso.

Reconhecendo a força espiritual do seu hóspede, o mercenário pôs-se a sentar e procurou meditar.

Aceitar não significa estar submisso e fraco, ao contrário, é subsistir em pé e assumir a responsabilidade das próprias escolhas.

| 25 |

| UMA HISTÓRIA DE FAMÍLIA |

NÃO JULGAR

« Não deverias de forma alguma julgar as pessoas. Não sabes que dor lhes faz em fanicos no profundo de si mesmas.»

Mary Higgins Clark

Um habitante do vilarejo recusou de seguir a rua principal que levava à cidade. Teve que fazer um longo desvio e perder uma hora de tempo. Por quê ? Pois bem, devia passar por um outro vilarejo onde vivia uma família com a qual a sua tinha brigado, nas gerações anteriores. O bisavô, o avo c o pai lhe proibiram desde sempre d'entrar naquela "maldita aldeia", cuja primeira propriedade era aquela da família rival. Desde criança, todas as vezes que se deslocava para a cidade, olhava com desprezo aquela casa ao longe. Mas naquele dia não deu certo.

Era uma noite tempestuosa; a noite começava a cair sobre a charneca e a chuva era tão forte que até custava para respirar. Devia caminhar. Chegado ao cruzamento dos dois atalhos, hesitou. Ou tomava a rua que contornava a maldita aldeia (mas isso significava caminhar bem por outras duas horas), ou então dirigir-se ali para pedir ajuda.

— Não humilhar-me-ei para pedir-lhes ajuda. São maus, cheios de odio e os meus antepassados disseram-me que estavam à procura de ruina do nosso povo…

Uma rajada o empurrou. E quase caiu. Não tinha escolha. Foi até ao vilarejo e tocou a campainha para pedir ajuda precisamente naquela família. Esperava-se que as pessoas soltassem os cães ou insultassem-no, até zombassem dele.

A sua surpresa foi grande quando veio acolhido calorosamente. Foi-lhe oferecido algo para comer, algo para enxugar-se. Recebeu hospitalidade até quando a tempestade abrandou. Deixando-os no dia seguinte, o nosso homem sentiu-se embaraçado…

— Pensava que nos odiássemos... E pelo contrário não tinham de forma alguma ouvido falar tão-pouco dos nossos velhos litígios. Foram tao gentis.

Somos muitas vezes prisioneiros dos nossos preconceitos e das nossas histórias do passado. Não são bloqueios na nossa vida?

| 26 |

| A PACIÊNCIA É COMO UM GENERAL |

AS VIRTUDES DA PACIÊNCIA

« Tenho sempre preferido os olhos dos perdedores, existe muito mais nos seus olhos, vazios, duvidas, silêncios. A vitória torna-te estupido. A derrota abre fascinantes brechas.»

Nicolas Delesalle

Um estratega do exército de Atenas está a pensar na justa estratégia por aplicar para derrotar o inimigo espartano. Resolve ir consultar o oraculo da Pizia. No templo dos Delfos, submersa nas trevas, lhe dá a conhecer: "A vitória será tua quando a terra aos teus pés estiver molhada".

"Que estranha profecia", pensou de si para si.

Uma semana depois, o exército espartano aproximou-se perigosamente. Os seus generais o exortam para ir ao encontro dele, de acordo com o conselho da Pizia. Inesperadamente, a chuva começa a cair: "Eis o solo encharcado!" Eis o sinal divino! Diz o seu auxiliar.

Mas para o nosso estratega, não era ainda o momento certo. Ninguém à sua volta o percebe. Alguns dos seus comandantes o vê como tolo, a sua passividade deixa-os espantados. Contudo lançam-se ao assalto contra os inimigos, sem o consentimento do seu chefe.

Mas no dia seguinte regressaram contritos. O assalto fracassou. Pior ainda, ao estratega veio anunciada a morte do seu filho, que era um dos soldados alistados.

Não consegue conter as lagrimas. Ajoelha no chão, chora. Chora tanto assim que chega a dar-se conta de que o terreno à sua volta está molhado pelas suas lagrimas.

Naquele momento levantou-se dizendo:

- a vitoria é nossa. Vamos!

Os Atenienses rechaçam definitivamente os Espartanos. O estratega é elogiado pela sua sabedoria em batalha e a sua paciência.

Como para este general, a paciência recompensa sempre quando se espera o momento certo.

| 27 |

| FECHADOS EM SI MESMOS |

AS VIRTUDES DA PACIÊNCIA

« Para ver as estrelas tens de esperar a noite, e estranhamente, em todas as investigações mais importantes, a policia deve esperar que a obscuridade desça para começar a ver a luz.»

Arthur Upfield

A primavera está a despertar. Também as duas marmotas. No covil que partilharam voltam a ganhar vida enquanto se alongam.

— Tenho um buraco no estomago!

— Eu também. Após estes meses invernais, é preciso ir à procura de alguma coisa para comer.

Dito isto, deita-se o focinho a partir do covil. Respira o ar puro da montanha.

De um momento para o outro vê a uma distância considerável uma raposa faminta, à procura de uma presa. Refugia-se no seu covil.

— O que é que se passa contigo? Pergunta a companheira.

— É preciso aguardar um bocadinho para comer: uma raposa está na emboscada.

— De todo não, estou com muita fome. Não posso aguentar um outro minuto aqui.

— Estás doida. Espere ainda um pouco para que se vá embora.

— Não. Não tem como. De raposas já semeei antes na minha vida; não vai apanhar-me.

Sai com cautela e desfolhe algumas ervas. Depois de uma dezena de minutos:

- Venha! Ficaste preocupado por nada. Não há nada da qual ter medo.

Mas a raposa aproximou-se por trás e lançou-se sobre a marmota para pega-la com a sua maxila arrojada.

Saber esperar e controlar os impulsos do corpo e da mente é um sinal de sabedoria.

| 28 |

| OS CAMPONESES |

UMA REGENERAÇÃO INTERIOR

*« A vida é um grande jogo, tiramos algumas cartas,
escolhemos a melhor, mantemos os recursos.»*

Agnès Ledig

Foi há muito tempo. Dois camponeses, um jovem, o outro velho, lutavam para semear grandes campos. O sol já havia ganho altitude. O céu luminoso anunciava um dia quente.

Os jovens queixavam-se, os velhos resistiam. Com grandes braçadas arremessaram lufadas de grão no solo acabado de ser lavrado.

— Há quanto tempo o fazes, velho?

— Um pouco mais ou menos há trinta anos.

— Que chatice, estes campos parecem infinitos, não achas?

O velho desatou a rir. Depois disse:

— É porque falta vigor e precisão no teu braço. Olha o meu gesto.

E lançou a sua mão-cheia de grão com um gesto seguro e amplo. O jovem, possuído pelo orgulho, respondeu:

— E então? Repara também o meu gesto.

E lançou com o punho.

— Nada mal, disse o velho, mas sobre um campo, aposto que sou melhor relativamente a ti.

— Negocio fechado! Afirmou o jovem.

E eis os nossos dois semeadores que se prontificaram a semearem um outro campo com rapidez e concentração.

— Bater-te-ei! Disse o velho.

— "Não vais tomar um centímetro de mim!" Responde o jovem.

Terminado o campo, o velho aproxima-se:

— Pois, semear este campo foi menos maçador do que os outros?

— Claro! Foi uma aposta.

— Nenhuma aposta, não tínhamos apostado não... Respondeu o velho. Apenas um jogo. Lembras-te que se pode ser serio, trabalhar duro mantendo a alma de uma criança: quer dizer divertir-se ao fazer as coisas e redescobri-las como um jogo.

A vida é um jogo: se a vê nesta perspetiva, tudo parecer-te-á mais leve.

| 29 |

| MODALIDADE AUTOMÁTICA |

A CONFIANÇA EM SI

« Para fazer grandes coisas é preciso uma certa insensibilidade que te possibilita desprender-se das pequenas, daquelas que te engatam a cada passo. A menos que não encontres uma pequena que cresce de dimensão.»

Charles Messager

Era uma vez numa montanha, uma estranha ponte: era uma longa corda que permitia, quando se tem coragem, passar de um lado ao outro de uma enorme fenda. Diante da corda, um letreiro dizia: "Seja ágil sem ser doido".

Três homens chegaram ofegantes. Eram os mensageiros do rei e tinham uma mensagem urgente para fazer chegar ao destino. Tinham escolhido tal atalho para ganhar tempo.

Vendo a ponte e o vazio subjacente, hesitaram.

O primeiro foi ali tremendo. Durante a travessia pensou: «Estou para cair, estou prestes a cair… claro, estou para cair…» e no meio da ponte cai.

Também o segundo tentou, tremulo, corado de tanto medo. Durante a travessia, pensou: «è tão simples! É tão seguro! Não há nada a temer...» e no meio da travessia ele também caiu.

O terceiro chegou ali trémulo ainda mais que os três. Tinha visto os seus amigos precipitar no fundo da fenda e o coração dele batia muito forte.

Então disse para si mesmo: «Ó meu coração segure aí uma calma, esta é uma prova, iremos superá-la juntos. Ó meu corpo segure aí uma calma, é uma prova, iremos superá-la juntos. Ó mente, seja firme, é uma prova, iremos superá-la juntos»; e assim falando de si para si alcançou a outra margem, praticamente dono de si e pôs-se novamente a correr.

Cada passo em direção ao objetivo já é uma vitória.

| 30 |

| EXPECTATIVAS

(DA MENTE) |

SEM ESFORÇOS, SEM EXPECTATIVAS

« A vitória de uma grande causa não se mede somente no alcance do objetivo final. Já é um triunfo mostrar-se à altura de tais expectativas no decurso da própria vida.»

Nelson Mandela

Um dia um camponês recebeu do seu filho como oferenda um lindíssimo cavalo branco. Era um animal magnífico que suscitou a admiração do vilarejo.

No dia seguinte, um vizinho veio para admirar o animal e regozijou-se com o camponês:

— És muito sortudo. A mim não ofertariam precisamente um cavalo branco tao lindo!

O camponês respondeu:

— Não sei se seja um bem ou um mal.

Poucas semanas depois, o filho do camponês montou no cavalo, que se revelou relutante; fez-lho voar. O jovem partiu uma perna e não foi capaz de ajudar os progenitores nos campos por muito, muito tempo.

— Oh, que desgraça! Disse o vizinho. Tinhas razão sobre o facto de que podia ser uma coisa má. O teu filho está sinistrado agora. Como farás para assegurar a próxima colheita sem os seus braços?

O camponês respondeu:

— Não sei se seja um bem ou um mal.

Passaram algumas semanas depois do sucedido. A guerra mal tinha sido declarada: todos os jovens do vilarejo foram solicitados. O filho do camponês, com a perna partida, não foi portanto mobilizado.

O vizinho depois voltou e disse.

— De todos os jovens do vilarejo, o teu filho é o único que não vai à guerra; com certeza, é muito sortudo!

E o camponês repetiu:

— Não sei se seja um bem ou um mal.

A vida continua, aconteça o que acontecer. Quando a mente coloca algumas expectativas sobre ela, há sempre o risco de desilusões e desgraças.

| 31 |

| TRANSFORMAÇÃO |

AGIR CONSCIENTEMENTE

« ... a característica principal da gentileza desinteressada é o ser irreconhecível, incognoscível, invisível, insuspeito»

Amélie Nothomb

Era uma vez um homem que se perdera. Tinha vivido de furtos e mentiras. Era um manipulador, cruel e cheio de raiva. Nada o deteve na vida. Estava a deambular sem meta quando um dia viu-se frente a frente com um eremita. Impressionado pela calma que emanava do sábio, sem saber muito bem o porquê, caiu no chão e implorou, pedindo-lhe para iluminá-lo e para encontrar perdão pela sua vida malvada.

O velho sorriu para ele e lhe mostrou uma velha árvore carbonizada por um raio:

— Estás a ver aquela velha árvore morta lá em baixo? Bom, serás perdoado quando voltar a florescer novamente!

O homem ficou desiludido e a sua raiva reavivou-se:

— Em outras palavras jamais, rebateu o homem. Mais vale não mudar nada nos meus hábitos neste caso.

O homem retomou a sua partida pelos atalhos, semeando desgraças entre aqueles que encontrava.

Uma noite aproximou-se a uma velha fazenda. Olhando pelo canto do olho a partir da janela, viu uma mulher com as suas crianças famintas, encolhidos em volta de caldeirão. Estava cantando uma canção de embalar:

— Durmam meus meninos. A mamã prepara a sopa. Durmam, durmam até amanhã.»

Possuído pela curiosidade, esperou que a mulher fosse embora e, depois de ter-se enfiado no interior, abriu a tampa do caldeirão: estava cheio de pedras. O homem encolheu os ombros, extraiu as pedras e introduziu ali dentro, depois de tê-lo cortado em pedaços, o carneiro que tinha acabado de roubar. Deu-se ao trabalho de reacender o fogo em baixo do caldeirão antes de ir-se embora, tocado pela tanta miséria e pelo destino desta triste família.

Naquele dia, a antiga árvore floresceu de novo.

Foi através de um ato desinteressado que o nosso homem mudou: obteve o perdão abrindo o seu coração.

| 32 |

| OS PRISIONEIROS |

ACEITAR

« A meditação é cancelamento, um silêncio, uma abertura, portanto uma aceitação, um não conflito.»

Arnaud Desjardins

Muito tempo atrás, dois homens foram injustamente acusados e feitos prisioneiros. Tinham sido amarrados com cordas grossas e deixados num pátio antes de serem aniquilados.

Se um filósofo tivesse visto a cena, teria observado que tais cordas podiam simbolizar os pensamentos dos homens, presos contra a vontade deles no emaranhamento das suas mentes. E mesmo quando não se tem mais a vontade de pensar, o laço ainda está ali que nos contem.

O primeiro homem era otimista. Estava habituado a comandar, dirigir e lisonjeava-se ao levar a sua vida como o capitão de um barco. O facto de que tivesse sido acusado injustamente o tornava furioso, puxava as cordas, lutava, lutava com todas as forças.

O segundo homem era mais modesto, conhecia a vida, os golpes do destino e a fragilidade das nossas conquistas. Sabia que a injustiça era possível e a aceitava, incapaz de fazer de outa maneira, em vez de distender-se e contrair-se.

O primeiro homem gritou para ele: "Cobarde!" Move-te! Faça alguma coisa! Não fiques apenas a olhar, idiota!"

O outro, pelo contrário, deixava-se levar, respirava tranquilo e todo o seu corpo descontraia-se. Pouco tempo depois ficou tão flexível e ondulante como uma serpente que se livrou facilmente dos nós e das cordas que o detinham. Libertou o seu companheiro e fugiram facilmente.

Não nos endurecemos contra a vida, é inútil. Aceitemos as coisas, porque, como neste conto, não se trata de não fazer nada, nem de deixar que as coisas aconteçam.

| 33 |

| AMAR A SI PRÓPRIOS |

NÃO JULGAR

« A maior parte dos homens quer ser admirado mais que amado. A admiração satisfaz a autoestima, e todos os homens a têm. A amizade é uma questão de sentimentos, e existe muitas pessoas que não os têm.»

Marie-Geneviève-Charlotte Darlus, (1760)

Um orador termina o seu discurso. É uma personalidade reconhecida, rica, estimada e... deficiente físico... desde a sua nascença vive na cadeira de rodas, o corpo deformado por um parto difícil.

Todavia, é radioso e suscita admiração. Uma mão depois ergue-se entre o público. Uma mão tímida e leviana. É uma jovem mulher frágil que fala; ela também está sobre uma cadeira de rodas e conhece as mordeduras da deficiência:

— Como consegues construir a tua vida quando não podes ter as mesmas possibilidades dos outros? Tu, igual a mim, não tens as mesmas habilidades dos outros à nascença... Contudo conseguiste. A mim pelo contrário parece que não chego a nenhum lado... Qual era o teu segredo?

O orador poe-se a sorrir e deleitou-se por causa desta resposta:

— Amei a mim próprio. Se amas a ti mesmo, se amas o teu corpo com as suas limitações e os seus recursos, a tua mente não ficará mais concentrada nos vínculos. Não

73

pensarás mais àquilo que não podes fazer, mas em tudo aquilo que podes fazer.

Estamos prontos para nos subestimar, para nos confrontar. Fazendo desta maneira, nós mesmos limitamos as oportunidades que a vida nos oferece.

| A PLANTINHA QUE SONHA SER UM GRANDE CARVALHO

|

AS VIRTUDES DA PACIÊNCIA

« A felicidade é aquele estado espiritual onde podemos amar o presente.»

Patrick Bauwen

Numa clareira duas plantinhas falam entre elas:

— Disse a primeira, eu serei um grande carvalho. Oh claro! Afirma com convicção.

A outra deixa-a falar, com benevolência.

Durante anos e anos, narra a mesma história:

— Hás de ver. Irás sombrear toda esta porção de território. Hás de ver! Hás de ver, acrescentou, afrontando os elementos da flora circunstante. Ficarei tao grande até que irei proteger a todos vocês.

Os animais desatam a rir.

Os anos passam. O arbusto que sonhava em ser um grande carvalho falava tanto assim, projetava-se tanto assim no futuro até para esquecer de segregar bastante linfa. O outro, escutando-o sempre com gentileza, tinha feito o quanto era necessário para crescer e tornar-se uma árvore robusta.

A planta que sonhava em tornar-se grande, pelo contrário, não se apercebera tão-pouco de que permanecera ridiculamente pequena. Não se tornara um grande carvalho que aspirava ser, antes pelo contrário.

A força do presente é aquela de saber mobilizar em cada momento todas as suas competências, ao serviço do futuro, e vice-versa.

| POR POUCOS DIAS |

AS VIRTUDES DA PACIÊNCIA

« Aprendi que a paciência é uma virtude suprema, a mais elegante e a mais esquecida. Ajudou a amar o mundo antes de pretender transformá-lo.»

Sylvain Tesson

Era o grande dia para um discípulo do Karaté. Tinha sido um estudante diligente e praticava intensamente sob o olhar vigilante do seu mestre. Naquele dia teria recebido o título de instrutor e poderia realizar o seu sonho. Fundar uma própria escola e ensinar o que ele mesmo tinha aprendido. Era impaciente porque pensava nisso já há bastante tempo. Tinha planificado tudo: a disposição da sala, o preço das quotas, o lugar, os exercícios… tudo.

Mas a sorte não o ajudou: efetivamente tinha-se erguido um temporal. Chove já há muitos dias. O novo instrutor andava às voltas e todas as semanas rogava pragas ao céu quando via que o temporal não dava sinal de cessação.

Cada vez mais começava a preocupar-se e a ruminar; e disse ao seu mestre.

— Mestre, neste momento eu estou arrasado: trabalhei duramente para tornar-me um instrutor e agora uma tempestade obsta-me de partir para realizar o meu sonho.

O mestre ficou em silêncio.

— Mestre, o que posso fazer?

— Não há nada a fazer, caro amigo. Suportaste o treinamento durante muitos anos assim; aguentaste até hoje.

Não podes esperar aina alguns dias? Depois da chuva, o sol. Não te ensinei a paciência?

O discípulo curvou-se, compreendo que o maior tesouro da sua formação não eram tanto as capacidades físicas quanto a paciência da sua dedicação.

| 36 |

| UMA ALMA DE CRIANÇA |

UMA REGENERAÇÃO INTERIOR

« As crianças brincam de caça ao tesouro, os adultos à prova do bom nome e boa fama e será sempre assim.»

Denis Tillinac

Um senhor tinha esgotado vários passaportes de tanto viajar. Tinha visto tantas coisas assim que não o espantava mais. Os lugares tinham enfim algo enfadonho, abafado, que o tornava indiferente. A obrigação de isolamento tinha-o bloqueado na França e tinha-se resignado ao visitar a sua filha e o seu sobrinho. Não lhe agradava muito a família. Ao seu sobrinho, uma criança de oito anos, não fazia caso do precioso relógio que ele tinha-lhe ofertado. Aquilo que precisava era dormir com ele na cabana que tinha construído no jardim.

— O avô o fará, disse a sua mãe. É um aventureiro.

— Claro, disse o avo, apegado ao relógio. Fiz safares em Africa alguns anos atras.

A criança explodiu de alegria, foi buscar os sacos-camas, duas tochas elétricas e depois arrumou as camas. No momento de deitar-se, o avo não estava mais tão feliz ao dormir no jardim, quase debaixo das estrelas.

— Hás de ver, será uma grande aventura disse o seu neto.

— Achas?

— Claro! Já fizeste?

— Hum... não...

— Por isso é uma aventura.

Assim o velho deitou-se ao lado do neto, entretido pela sua ingenuidade, pelo seu espanto, pelo seu prazer ao manusear a pequena lâmpada dínamo. De um momento para o outro, volta a florar na sua mente as lembranças da infância. Quando era pequeno, tudo lhe parecia incrível, o pão tinha um sabor tao bom... O jardim da sua avó parecia imenso… e possuir uma bicicleta cromada era o seu sonho prodigioso. Surpreendentemente o senhor, ou melhor o avô, ora de novo criança, degustava o cheiro da erva, a frescura da noite, o som dos grilos. Escutou com satisfação a respiração pacífica do neto adormecido. E depois sentia-se humano, vivo e incrivelmente comovido.

Reencontrar a criança que existe em nós, é conectar-se ao momento presente e degustá-lo.

| 37 |

| O PASSARINHO |

A CONFIANÇA EM SI MESMOS

« As minhas capacidades foram modeladas pelos meus sucessivos fracassos; a minha presença, pelas minhas conquistas. É sem antecedentes arte.

Vincent Cespedes

Um ovo de aguia foi descoberto por um camponês. Convencido de ter a ver com um ovo de galinha, o homem colocou-o no seu pátio.

O passarinho assim nasceu circundado por galinhas. Começou a caminhar como uma galinha, a rir à socapa como uma galinha, a dar bicadas como uma galinha.

Enquanto dava bicadas, a sua atenção foi capturada por uma sombra que atravessava o céu: portanto observou um enorme pássaro a pairar majestoso no céu.

— Que pássaro possa ser? Perguntou a pequena aguia criada no seio das galinhas da pradaria.

— É uma aguia. O maior e ágil de todos os pássaros! Lhe respondeu.

A pequena aguia pensou que sensação mágica devia ser pairar no céu. Mas uma vez que sabia que não poderia de forma alguma ser uma aguia, o jovem pássaro esqueceu rapidamente o seu sonho e voltou a dar bicadas às suas sementes.

Viveu toda a vida, como uma galinha da pradaria, ignaro de ter a capacidade de voar no céu como aquela aguia que tinha tanto admirado.

Os nossos recursos interiores são enormes, porém, preferimos nós dar crédito a pensamentos limitadores.

| 38 |

| UMA ERVA TÃO VERDE |

SEM ESFORÇOS, SEM EXPETATIVAS

«As coisas acabam por desequilibrar-se»

Pete Dexter

No fundo do vale cruzam-se dois bodes bravos. O primeiro, cheio de arrogância, caminhando orgulhoso como Artabano diante das fêmeas, grita ao outro animal:

— Não estás à minha altura.

— Ah... Responde o outro bode bravo com um tom sombrio.

— Sou o bode bravo mais rápido e resistente da região. Para demonstrá-lo, desafio-te: terás de alcançar o alpes lá em cima. A erva é gordurenta e deliciosa. Quem chegar em primeiro lugar pode tirar proveito dela.

— Combinado.

De um momento para o outro, o primeiro bode bravo descola. Precipita-se a toda velocidade e apressa-se para terminar em primeiro lugar e estabelecer o seu *status* com os outros bodes bravos.

Parte também o seu rival, mas mais devagarinho. Simplesmente anda a trote miúdo, no encalço do primeiro que está sempre na mira.

Após uma jornada de loucas corridas, o orgulhoso bode bravo chega no alpes: está completamente exausto pelas energias gastas ao galope a toda velocidade. Chegado, cai no chão, exausto. Uma hora depois, o segundo chega com um passo vivo e moderado ao mesmo tempo. E ainda suficientemente corajoso para lhe dizer:

— Não tinha percebido que o propósito do jogo era chegar em primeiro lugar. Olha para ti: foste certamente o primeiro a chegar antes de mim, mas nem consegues sequer ficar de pé e nem tão-pouco roer a erva. Quanto a mim, degustar-lo-ei.

Na vida, quem pondera os seus esforços pode desfrutar os frutos da sua ação mais do que aqueles que se precipitam ao esgotamento.

| UMA VIDA SALVAGUARDADA |

AGIR CONSCIENTEMENTE

«O altruísmo não consiste em fazer alguma boa ação periodicamente, mas estar constantemente preocupados pelo bem-estar dos outros.»

Jean-François Ricard

Um dia um homem estava a caminhar ao longo do atalho. Mas o céu estava coberto de nuvens que cobriam o sol. A chuva começou a cair. Uma chuva batente. Muitas lesmas saíram fora, um maná do céu para eles. De imediato as gotas cobriram a rua. O homem continuou o seu passeio não obstante a chuva, quando viu uma criança ao lado do atalho: estava recolhendo as lesmas e as depunha nas bermas da rua com muito zelo. Trabalhava com entusiasmo.

— O que estás a fazer aqui, amigo? Procurou saber o homem, surpreso pelo frenesim da criança que seguia em todas as direções.

— Salvadas as lesmas, assim não serão esmagadas.

— É ridículo: olha, estão em toda a parte. Não irei conseguir de forma alguma salvá-las todas. E os passantes não reparam onde estão a pisar, sabe-se… Não podes fazer nada, não podes mudar as coisas…

A criança continuou, não obstante todo o seu trabalho: aproximou-se ao homem, pegou uma lesma que estava aos seus pés e lhe disse:

— Para ela sim que muda tudo!

O homem ficou atingido pela doçura e pela perspicácia da criança.

Um ato desinteressado vale mais que palavras vazias.

O altruísmo é uma qualidade imensa.

| 40 |

| PRETENDER VER A VIDA COMO ELA É |

ACEITAR

« Todas as flores nos deixam como herança, durante a sua vida, a sua cor e a sua inocência. Contemplá-las leva à vida perfeita.»

Christian Bobin

Não pode haver um verdadeiro pessimista vivo. Este homem, por exemplo, era inteligente, um brilhante conversador, zombeteiro, irónico. Fumava os cigarros emitindo longas baforadas de fumo, silencioso. Nada era bom aos seus olhos: as pessoas, os palermas, os prazeres, os vaidosos, as crianças, o futuro, o destino, o vazio... Rejeitava a tudo o que podia ser grande, simples e belo.

Uma noite enquanto ia para a cama mandando uma última mensagem desesperado a um amigo ("Para de me desejar boa noite. Uma noite na cama não pode ser boa, é ali que a maior parte das pessoas more"), um fantasma opalescente aparece flutuando diante dele:

— Ah...! Aqui estou finalmente! Disse o fantasma.

O homem tremeu pelo medo e lhe perguntou o que queria...

— Vim para te ajudar, disse o fantasma. Queixas-te pela existência humana já há bastante tempo que resolvemos conceder-te o nada esta noite.

— O quê? Gritou o homem. Mas... Por nada... não quero...!

— Foste negativo em tudo durante anos, pessimista em tudo… a morte será um alívio, isto é justo…!

O homem sem premeditações ouviu sinceramente o que tinha a perder e lhe disse para retardar a sua morte.

A vida se calhar não é perfeita mas merece de ser vista e vivida assim como é.

| 41 |

| O QUE ESTÁ BEM E O QUE ESTÁ MAL |

NÃO JULGAR

« Depois de ter vivido bem ou mal, não estaria errado passar outros dez anos vendo outras pessoas a viver, rebentando de tanto rir da sua estupidez, e dizendo a si próprio: "Não faço mais isto, mas percebo todas elas.»

Victor Cherbuliez (1880)

Um turista, efetuou uma viagem para um país distante. Descobriu muitas práticas surpreendentes e até chocantes e decidiu confessar ao seu hóspede:

— No meu país ridicularizar Deus e blasfemar é muito grave.

— No meu não é, respondeu o seu interlocutor.

— No meu país é proibido criticar o rei.

— No meu não é.

— No meu país, as mulheres têm o direito de maquilhar-se e de serem livres.

— No meu não é.

— No meu país, a propriedade privada é sagrada.

— Não no meu: qualquer um é livre de possuir ou não, de partilhar ou não.

— No meu país, a educação das crianças é uma prioridade: encorajar o abandono escolar está errado.

— No meu, as crianças são livres de descobrir sem auxílio de ninguém o mundo e fazer as próprias

89

experiências. Força-los num sistema que não lhes condiz está errado.

Após alguns dias a mais de descobertas, o nosso turista regressou ao seu país, forte com estas diferenças de pontos de vista.

O bom, o mau, tudo é relativo consoante a posição e à época.

| 42 |

| O DEUS QUE NÃO PODIA DORMIR |

AS VIRTUDES DA PACIÊNCIA

« As pessoas reagem à raiva como espelhos. São os neurónios espelho que agem. Estas estruturas de reconhecimento que permitem a aprendizagem por imitação. Como uma criança imita as reações faciais dos seus progenitores. A raiva contamina a multidão.»

Patrick Bauwen

Uma antiga lenda narra a história de um Deus que se sentia não reconhecido ao seu justo valor, nem se encontrava no lugar que lhe dizia respeito no pátio do prédio dos Deuses.

Fomentava dia e noite, ruminando continuamente, entre explosões de raiva e estratégias manhosas.

Veio a ser conhecido como um Deus raro. Longe de aplacar-se, estava cada vez mais decidido, batendo o punho na mesa durante as reuniões e gritando injustiças diante de tanta falta de consideração.

— Olha como me tratas, maldição! Sou superior a muitos de vocês! Não devo justificar-me contigo!

Feito perder o uso da razão pela raiva, não conseguia dormir. Todas as noites, a sua raiva o fazia levantar e caminhar. Permanecido sozinho na sua casa-templo no céu, tinha sido simplesmente colocado a parte. Ficou desta maneira, com esta raiva interior, durante seculos e seculos.

Ninguém veio mais a encontrá-lo. Os homens esqueceram-se até do seu nome.

Quando um dia apercebeu-se do seu erro, disse de si para si: "Tudo está perdido; Não tenho mais que me preocupar do meu lugar com o Deuses. Os mesmos homens não sabem mais quem são".

O seu ressentimento dissolveu-se, foi a primeira vez que conseguiu finalmente dormir. As suas noites agora eram tão tranquilas até que ele veio a granjear a alcunha de "Deus Morfeu".»

A raiva ilegítima não leva de forma alguma à serenidade interior ou ao desenvolvimento pessoal. É uma força destrutiva para aquele que é o autor dela. Deixar andar a raiva leva à calma interior.

| 43 |

| O ATALHO |

AS VIRTUDES DA PACIÊNCIA

« Os homens não levaram em conta que do ponto de partida e do ponto de chegada esquecem o percurso que os separa»

Yann Apperry

Um lobo-tigre seguro de si ridicularizou uma gazela:

— Sou o animal mais veloz.

— Já que o dizes tu, respondeu a gazela.

— Tenho um desafio para ti, se não me dás crédito: correremos até ao cume da montanha lá em baixo. Se vier a perder, devoro-te.

— Não tenho outra escolha senão aceitar.

O lobo-tigre precipitou-se: procedia a um passo expedito. A gazela estava andando a trote miúdo. Encontrou uma zebra a qual tinha o pé preso e a ajudou a livrar-se.

Na rua para a montanha, encontrou também um leão com o qual decidiu trocar dois dedos de conversa. Depois uma serpente e outros animais ainda. Até, ajudou um búfalo a encontrar o seu vitelo.

Naturalmente, o lobo-tigre chegou primeiro.

— Estou aqui há três dias. Não comi nada e pois que demonstrei-to que era o mais rápido, tomar-te-ei como minha refeição, disse não obstante a fadiga.

Mas naquele momento, atras dela, apareceu os animais que a gazela tinha ajudado e encontrado durante a sua corrida:

— Podes ser o mais rápido mas não vais tocar um cabelo do nosso amigo!

A coisa mais importante na vida é o percurso e os encontros que por aí fazes.

| 44 |

| NUM RIO |

UMA REGENERAÇÃO INTERIOR

« Quando se está desestabilizado, e sairmos da zona de conforto e dos seus hábitos esta é possivelmente a ocasião para dar um passo para trás, para manter um pouco mais de distância. Podemos aproveitar deste período de reclusão para refletir sobre a nossa vida, para reparar em nós mesmos, saborear os nossos estados de alma. Lendo o livro, experimentamos meditar sobre o que nos leva, a identificar quais emoções e novos pensamentos suscita. Temos raramente tempo para fazê-lo. É importante viver tais momentos de abrandamento.»

Frédéric Lenoir

Dois peixes saboreavam a tranquilidade de um rio das águas límpidas. Rodopiavam na doce corrente, enfiando-se entre as algas e refugiando-se nos buracos da orla, conectados com as raízes.

— Apraz-me este lugar, disse o primeiro peixe. Conheço de memória.

— E pelo contrário não, respondeu o segundo. E invece no, rispose il secondo.

— Por quê? Nasci aqui, este rio é o meu rio!

— Conheço dele apenas uma parte, da outra parte do espelho existe um mundo que ignoras (estava falando da superfície).

— Pouco importa! Conheço o lugar onde vivo de memoria: sei onde as algas são as melhores, onde encontrar os peixes miúdos, onde as moscas se perdem...

— Se calhar, este lugar é agradável estou de acordo. Mas a agua onde nadamos não é de forma alguma a mesma, por vezes é fresca, por vezes impetuosa, por vezes lenta, por vezes rápida... tens de redescobrir este rio dia apos dia, assim como deves, dia apos dia, descobrir onde se posiciona o pescador para tentar captura-nos.

O outro peixe não encontrou nada a que responder e pensou nestas palavras profundas.

Ir além da própria zona de conforto é descoberta, experiencia e a certeza para não andar às voltas.

| 45 |

| ESCOLHER O PRÓPRIO CAMINHO A CADA INSTANTE |

A CONFIANÇA EM SI PRÓPRIOS

« Pare de colocar por toda a parte pensamentos não necessários. Se segues o teu instinto, não estás errado de forma alguma. Todos os anos os pássaros migram sem saber o porquê. Bom, nós deveríamos fazer o mesmo, mexa-te todo o tempo, sem fazer demasiadas perguntas.»

Lorenzo Marone

Que devastação na floresta: na memória dos animais, nunca houve uma chuva tao violenta! Os pássaros escondiam-se entre os ramos, os coelhos nos covis e os javalis no mato. Os animais escondidos viram um rato a caminhar...

— Mas para onde estás a ir, ratinho, com este mau tempo?

— Vou lá no topo da colina, ali sentir-me-ei melhor.

— Mas estás doido, serás encharcado.

O rato encaminhou-se sem acatar os comentários.

À margem da floresta, ultrapassou vacas, cabras e ovelhas aninhadas juntas para evitar de serem congeladas pela chuva. Lhes disseram:

— Mas para onde estás a ir, ratinho, com este mau tempo?

— Vou lá no topo da colina, ali sentir-me-ei melhor.

— Mas estás maluco, serás congelado.

O rato continuou pelo seu caminho e num ai chegou no cume da colina. Sobre um pequeno promontório viu a planura devastada, os campos húmidos e a floresta luminosa por causa da chuva. Mas sentia que ali estava melhor. Choveu toda a noite.

E pela manhã à sua volta havia apenas um enorme lago... Os animais tinham sido arrastados pelas inundações, as árvores tinham vindo abaixo, desenraizadas pela torrente de lodo, e ele, não dando ouvidos a ninguém se não a sua voz interior salvara-se.

Cada momento da vida é uma oportunidade: são as escolhas que fazemos que determinam o nosso rumo.

| 46 |

| QUERO |

SEM ESFORÇOS, SEM EXPECTATIVAS

*« Antecipar o tempo com os pensamentos dá-nos três
poderes distintos: projetar, querer, preparar.»*

Jean-Louis Servan-Schreiber

Num vilarejo, uma história jocosa narrava que alguém tivesse capturado um peixe vermelho no rio que fica ali próximo ter-se-ia tornado muitíssimo rico. Diziam isto às crianças. Todos sabiam que tal história jocosa foi criada para fazê-los dormir.

Todavia, um deles tomou a firme decisão de que tal peixe ficaria seu.

— Quero capturar tal peixe. Quero tornar-me rico.

Os anos passaram. A gargalhada divertida dos habitantes transformou-se em pura zombaria defronte deste garoto que tinha-se tornado um adolescente, depois um homem e por fim um velho. Todos os dias ia à margem do rio, com uma cana de pesca, explorando os cantos e as fissuras para encontrar tal peixe lendário que não era outra coisa senão uma simples história do vilarejo.

Quando se tentava raciocinar com ele, respondia:

— Quero aquele peixe e apanhá-lo-ei! Não ficarei desiludido. Hão-de ver, hão-de ver!

Depois, no tempo, repetia simplesmente:

— Quero. Quero. Quero.

Toda a sua vida passou assim até que ao dia da sua morte. Não tinha de forma alguma parado de acreditar na sua mente, de acreditar nesta história. A sua vontade tinha-o iludido: a sua mente estava tão apegada à esta peta que o homem passou a vida em vão.

Querer a todos os custos é uma ilusão da nossa mente: cria tensão interior e nos faz perder as outras oportunidades da vida que a nós apresentam-se.

| 47 |

| O ÓNUS |

AGIR CONSCIENTEMENTE

*« A chuva instiga a ruminar nos nossos pensamentos.
Não reparamos aos outros quando chove; caminhamos
cabisbaixo, o olhar fixo nas poças agitadas.»*

Karen Maitland

Dois senhores chegaram um dia numa cidade. Estava tudo animado. Na grande praça central, defronte de um hotel, uma senhora estava à espera de ser ajudada para descer da sua liteira.

A chuva tinha deixado por toda a parte poças de água suja e lama. A dama não podia atravessá-las sem sujar o seu comprido vestido, testemunho da sua riqueza e da sua alta estirpe. Estava imóvel, chateada e muito irritada; ralhou para com os seus servos.

Estes últimos estavam embaraçados: os seus braços estavam ocupados pelos embrulhos que traziam para ela; não sabiam onde deixá-los sem molhá-los ou sem que alguém os pegasse.

O mais jovem dos dois senhores deu-se conta da senhora, não disse nada e se encaminhou. O mais velho aproximou-se dela e a levantou, carregando-a entre os seus braços para fazê-la atravessar as poças e colocá-la do outro lado.

Sem abrir a boca, a senhora mandou-o embora e em seguida virou os seus tacões altos, com manifesto desprezo. Os seus servos seguiram o exemplo para não incendiar posteriormente a raiva da sua patroa.

Os nossos dois senhores retomaram a viagem. O mais jovem estava preocupado por causa desta cena; ruminava sobre esta história. Incapaz de resistir ainda, após várias horas, por fim quebrou o silêncio e exclamou:

— Aquela senhora que ajudaste era desdenhosa e ofensiva. Ajudaste-a a atravessar a água e ela nem te agradeceu sequer. Não dá para acreditar! No fim de contas, tu não és o servo dela.

— Carreguei a tal senhora horas atrás, respondeu o seu companheiro da viagem. Por que mo dizes só agora?

**Não tem sentido ruminar sobre o passado:
envenena o presente.**

| 48 |

| ARCHIBALDO E O CICLO DA VIDA |

ACEITAR

« Transformar-se silenciosamente em cinzas, no húmus, ceva os vermes, nutre as plantas, permite ao ciclo da vida de continuar o seu curso. É a única forma da eternidade cujo posso aspirar.»

André Brink

Há muito tempo, num pequeno vilarejo, Archibaldo o antepassado recusou teimosamente de morrer. Tinha adiado muitas vezes a morte. E assim foi sem temor que a acolheu naquela noite.

— Tu de novo, cabeça insonsa? Disse o velho.

— Archibaldo, terás de ser racional e aceitar a morte.

— Não! Sou contra a morte. Recuso a morte, eis tudo.

— Contudo, tens praticado...

— Por nada! Sou contrário e não irei matar de forma alguma! O velho fica ofendido.

— Todos os dias, o teu corpo dá cabo de milhares de bactérias para viver. Todos os dias destrói micróbios, glóbulos brancos e vermelhos... Tudo isto para garantir a tua sobrevivência... a tua vida depende da morte.

- Mas não! Os germes estão a atacar-me! Eu defendo-me!

— Está bem... E então o que tens para me dizer da tua comida? Cada refeição que fazes sacrifica animais e plantas, seres vivos...

— Mas... Os transformo...

— Tu também ficarás transformado...

— Espera! Espera, o velho deixou-se possuir pelo pânico. E tu? Por que não morres! Não é justo.

— Efetivamente, eu não morro. E sabes por quê?

— Não.

— Porque não existo. Estás vivo, porém, para ti, a morte não existe, não podes senti-la ou conhecê-la. Mas quando estarás morto, não existirei nem eu.

O velho Archibaldo refletiu. Alguns dizem que foi-se embora de manhã com um sorriso sereno.

A vida é um ciclo que não tem sentido ao tentar combater. Aceitá-la é deixar-te transportar.

|SER EMBARRILADO NOS PENSAMENTOS |

NÃO JULGAR

« O fracasso é um sentimento muito antes que ser realidade. É o resultado da combinação de vulnerabilidade e falta de confiança em si próprios, que depois piora, muitas vezes deliberadamente, é o medo.»

Michelle Obama

É o grande dia para Justine. Tem uma audição de guitarra acústica em vista para o diploma do fim do curso no conservatório. Nascera com a guitarra. O seu pai é um famoso guitarrista.

É também dotada. Quanto mais se aproxima o grande dia, mais forte é a pressão. Uma voz dentro dela se intensifica: "e se não conseguir?"; "Pressinto que irei claudicar"; "Acho que irei desiludir o meu pai"; "Não estou a altura."

Porém é um trecho que ela conhece de memória. Os olhares do júri, a presença dos seus progenitores, o pensamento do insucesso tornam-se cada vez mais insuportáveis.

Efetivamente, quando entra em cena, não se sente à vontade. Sente-se possuída pela ideia de que não irá conseguir.

Programou-se para fracassar. Na verdade, após três tentativas, com os dedos trémulos, consegue apenas colocar junto poucos acordes. O júri a agradece e pede para que ela deixe o seu lugar para o próximo candidato.

Justine vai-se embora, chateada: "Estava certa de que não estaria à altura". Desata a chorar.

Damos demasiado crédito àquela voz interior que nos julga e nos desencoraja. Quantos fracassos na nossa vida que nós temos em divida com ela?

| 50 |

| O PODER DO SILÊNCIO |
AS VIRTUDES DA PACIÊNCIA

« Devo a minha vitória sobre o silêncio aos livros. Sou passaporte. Irão deitar abaixo os muros, os bastiões, os limites, todas as barreiras que os homens inventaram para ignorar-se, dilacerar-se mutuamente.»

Irène Frain

Num pequeno reino perdido nas montanhas de Himalaia, estão para dar-se importantes mudanças politicas. O rei Asong deve nomear o seu chefe do governo. Dois candidatos para o posto estão em jogo, mas não têm a mesma política ou as mesmas ideias para o reino. Calang acha que o sistema de casta tenha de ser mantido e as hierarquias na aldeia; Hyen, acha que ocorra abandonar o atual sistema social que paralisa a aldeia.

Calang tem logicamente a "prioridade" porque tem mais experiência da corte. No escritório, o Soberano anuncia:

— Tenho de nomear um de vocês como primeiro-ministro, disse, pensando em convidar Hyen para apoiar a candidatura do seu rival.

Mas não acontece nada. Este permanece em silêncio.

O rei torna-se mais explícito:

— Queira, por favor, confirmar a Maître Calang que aceite de entrar no seu gabinete?

Mais de um minuto de silêncio. Calang ficou alterado. O silêncio veio a ser pesado, tanto assim que este último acabou por interrompe-lo anunciando:

— Não, não! Não é possível pedi-lo a Master Hyen. É ele que deve ser conduzido para aquele posto.

Paciência e silêncio valem mais que a pressa e agitação.

| 51 |

| UMA MULHER QUE TINHA SEMPRE PRESSA |

AS VIRTUDES DA PACIÊNCIA

«A inteligência é a faculdade para tornar relativo o absoluto.»

Michel Tournier

Apertou o volante até quando as suas falanges ficaram brancas. Aquele engarrafamento rodoviário era infinito. Deixava-o em agitação. Passavam diante dos seus olhos tudo aquilo que de negativo induzia a tal situação: deveria obrigar as crianças para que tomassem banho o mais rápido possível, tivera pressa para preparar a refeição, não tivera o tempo para chamar a sua mãe como previsto, não tivera o tempo para relaxar um pouco antes de pôr as crianças na cama.

Tentou seguir por uma outra rua mas era pior que a estrada principal. Agarrou-se à buzina. Mal que uma porção rodoviária livre ofereceu-se a ele acelerou repentinamente, para travar depois de vinte metros. Pensou que estava a fazer tudo o que podia para chegar a tempo e horas.

Chegou ao limite dos nervos da ama-seca. As crianças tinham brincado pacificamente e tudo estava em ordem, mas ela obrigou para irem-se embora subitamente. Quando chegou a hora do banho escovou-os com um certo nervosismo e ao jantar fez-lhes comer numa atmosfera tensa.

Uma vez que as crianças foram à cama tomou consciência de que a noite tinha sido péssima porque a sua impaciência ao querer regressar o mais rápido possível tinha determinado o seu mau humor. Se tivesse aceitado chegar tarde, se tivesse imaginado o prazer de encontrar os seus filhos mais que a impossibilidade de chegar a uma hora, ter-se-ia sentido "normal" e toda a noite teria sido diferente.

A nossa impaciência é frequentemente o terreno do nosso mal-estar.

| 52 |

| A MARAVILHA EM VOCÊS |

UMA REGENERAÇÃO INTERIOR

« A curiosidade como a sentes não é na maioria dos casos uma arte? Uma arte de dar uma viragem? Uma arte para navegar? Uma arte para viver? Uma arte para viajar com parcos recursos? Um curativo para a indiferença? O desejo de ver sozinhos, ler sem instruções, perguntar e questionar-se todo o tempo sobre uma existência. Um modo para estarmos vivos, sentir-se vivos, até ao fim do nosso tempo na Terra?»

Jean-Pierre Martin

Imagina que um dia, uma manhã, a pessoa que era criança encontra-se no teu lugar, a criança que era transforma-se em ti. Imagina aquilo que estavas para descobrir, a tua casa, o teu apartamento, a tua decoração. Imagina a tal criança, que conduz o teu carro sozinha ou que apanha o metropolitano para ir ao trabalho… presuma ao seu espanto, à sua admiração ao exercer as tuas tarefas quotidianas, e tudo o que para ti parece tao banal e vulgar.

Se calhar não estás satisfeito pela tua vida e por aquilo que construíste, não obstante a constância e a determinação, porque a vida é assim.

Descubra em ti a criança que foste: pequerrucho sem dúvida, mas fresco e capaz de maravilhar-se por tudo.

**Dês-te o tempo para deixar que tal criança
te diga que tudo aquilo que fazes é fantástico
aos seus olhos.**

| 53 |

| O CERAMISTA |

A CONFIANÇA EM SI

« Existe algo extraordinariamente falso, paradoxal e praticamente irreal nesta situação de enfermeira eficiente, considerada do ponto de vista da psicologia medica. Quanto mais obedece, menos pensa. Quanto mais empobrece o seu intuito, reprimes os seus sentimentos, e considera o paciente como um objeto tanto mais será uma valente vigilante mas também uma pessoa incapaz de ter realmente cuidado com os outros.

Roger Gentis

Um dia, um corajoso artesão ceramista tinha entre as mãos um pedaço de cerâmica chines... Ele que há anos trabalhava a terra, ficou estupefacto pela delicadeza, pelo brilho e pela candura da maravilha que segurava entre as mãos! O choque foi tal que decidiu desvendar sozinho o segredo.

Assim, todos dias, incansavelmente, o nosso artesão experimentou, ensaiou materiais, cores, temperaturas do forno. Pouco tempo depois, graças ao seu duro trabalho tornou-se famoso e foi equiparado a um doido.

Um dia, teve a necessidade de um fogo mais vigoroso e foi até à pira: mas estava vazia, não havia mais um pedaço de lenha! Daí o artesão foi à casa e pegou a mesa dizendo: "Aquilo que comemos será igualmente bom mesmo comendo no pavimento".

Mas o fogo era tao fraco, pois pegou as cadeiras e disse "qualquer coisa que comemos será igualmente boa mesmo acocorados".

O fogo ganhou mais vigor, mas faltava ainda um pouco de vigor, assim o homem de bem resolveu despedaçar a credencia com um machado, dizendo: "Quem tem necessidade de uma credencia quando não se tem uma cadeira?".

E aconteceu o que devia acontecer: no auge do fogo do seu forno, foi ali que finalmente compreendeu o segredo da cerâmica.

Boa lição, não é verdade? Porque esta história é verdadeira e o artesão que seguiu o seu intuito chamava-se Bernard Palissy. Não tenhas medo do teu intuito: ele é um guia.

| 54 |

|AS EMOÇÕES NEGATIVAS |

AGIR CONSCIENTEMENTE

« O trigo tem como condição necessária o sol, a beterraba tem como condição necessária a chuva. É fácil, permite ao cultivador, seja qual for o tempo, para poder queixar-se do tempo.»

Jean-Louis Fournier

Um senhor estava furioso por tudo, estava também furioso por estar furioso.

A sua jornada, é verdade, tomara muito mal a sua prossecução. Em primeiro lugar, tinha sido bloqueado nos engarrafamentos e foi apenas graças a uma condução particularmente agressiva que conseguiu desenvencilhar-se e chegar a tempo e horas no trabalho. Depois, os colegas (realmente incompetentes) deram-lhe infinitas maçadas. Ao meio-dia a refeição no restaurante estava tépido e o seu doce preferido não estava mais no cardápio. A noite, um encontro inesperado lhe fez perder horas uteis, que tentou recuperar a toda a pressa com o café e cigarros enérgicos.

Quando regressou a casa, mesmos os seus nervos estavam nervosos.

Nada estava a tomar a direção certa e agora, para concluir, começou mesmo a chover. Ativou com raiva os limpa-para-brisas. Arrojadamente, nada lhe teria poupado!

Entrando na rua do quarteirão, na rua diante dele, viu uma cadeira de rodas elétrica.

Reconheceu o perfil da sua jovem vizinha, que, em seguimento de uma operação na coluna vertebral, teve que manter a cadeira por um tempo indefinido. se calhar para sempre, pensou. Passou ao lado dela e instintivamente reparou no retrovisor.

Efetivamente era ela, uma jovem da qual sabia muito pouco.

Um clarão lhe iluminou o semblante. Estava a sorrir com os olhos erguidos para o céu. As gotas da chuva caiam sobre a sua testa. A rapariga estava feliz, claro, feliz ao sair, ao viver, ao sentir.

E de um momento para o outro o senhor questionou-se sobre o que teria acontecido de tao mau assim naquele dia.

Cada um está livre para desfrutar a própria situação: cabe a ti escolher vivê-la alegremente ou lamentar-te.

| 55 |

| O EFÉMERO |

ACEITAR

« *Ame abundantemente e viva abundantemente. Ame para sempre e viva para sempre. A vida eterna está bridada ao amor.* »

Paulo Coelho

Uma efémera voava num dia límpido. Já vivia há dez horas e sentia chegar o fim. Aterrou sobre uma folha e queixou-se:

— Que vida triste é a minha! Passei metade da minha vida conhecendo a mim mesmo e a perceber que não sei quase nada... e cedo terei que morrer. Se apenas vivesse como o pássaro...

E precisamente, notou num ramo, um chapim, terrível comedor de mosquitos, que se queixava sobre o ramo:

— Vivo nesta terra pouco mais ou menos há três anos... os meus filhos cresceram e deveria morrer para sempre? Como é triste o meu destino! Tenho ainda tantas coisas por aprender no mundo e na vida... tento ainda tantos prazeres e dias por desfrutar... se apenas vivesse como a tartaruga...!

E naquele momento passou uma tartaruga, um dos animais cuja vida é mais longa. Pois mesmo ela gemia:

— Cento e vinte anos? O que existe ao lado da vida das estrelas... Sou muito infeliz para viver tao pouco assim...

Mas morrem também as estrelas, como as efémeras. De todas estas coisas sobre as quais não temos controlo, a melhor coisa é aceitá-las. Nós, como únicos, flores e galáxias, um dia morreremos. Então por que desperdiçar a tua vida com a ideia da morte?

| 56 |

| O VERDADEIRO DO FALSO |

NÃO JULGAR

« Ser humano, ser simples, a forma mais natural não estava a deixar falar em mim o que recusou para calar? Não aceito mentir, para parecer sincero no juízo dos homens».

Marcel Arland

Uma taberna holandesa. No ano 1578. Dois amigos apaixonados em descobertas e ciências discutem no meio de um café numa atmosfera viva:

— A terra é redonda e está no centro do universo.

— Mas não, mas não. Estás a dizer uma parvoíce. A terra é plana e o sol está ao centro do universo.

Achas? Olha, estás a perder a cabeça. E Magellano? Não deu a volta do mundo sobre um barco, demonstrando que a terra era redonda?

— Isso não prova nada. E depois Copérnico, diz que a terra gira em volta do sol. Por isso não podes negar o trabalho de um tal cientista, certo? Tu mesmo o estima muito mais.

O debate diverte os clientes da taberna até que se transforma numa discussão e depois uma rixa. Os dois amigos andam aos murros; são separados.

— És um cretino, disse um deles.

— És um idiota e não percebes nada, responde o outro.

Uma amizade tao bela mal rompeu-se. Quem está a dizer a verdade? Quem diz erroneamente?

Ninguém dos dois e ambos ao mesmo tempo. Mas o que é mais importante?

| 57 |

| A ONDA SAGRADA |

AS VIRTUDES DA PACIÊNCIA

« Reconhecer-se como simples meditação, saber que não temos mais a realidade nem destino genuíno de uma onda no mar, é conceder a nós mesmos apenas a identidade de uma aparência tenaz: é livrar-se dela.»

Nicolas Grimaldi

Nas ilhas do pacífico diz-se que um filho de um clã fosse fascinado pelas ondas. O seu pai disse a ele:

— Tornar-te-ás um líder quando terás domado Uluhia, a onda sagrada.

Cada cinco ou seis anos forma-se uma onda gigante. Assusta assim como fascina a gente da costa.

Desde aí em diante, o filho não deixou de forma alguma de treinar numerosas vezes para afrontar o fenómeno natural proveniente do oceano. Todos os dias da semana ia projetar-se nas ondas para descobrir o seu segredo. Inicialmente, ia com um pequeno barco, que por fim desfez-se em pedaços. Notou que uma longa mesa de madeira lhe permitia para ser mais móvel e mais livre ao mover-se. Mas nada a fazer. Viu-se arrastado pelo movimento ondulatório enquanto mergulhava ali para afrontá-lo   fisicamente.

Chegou o dia de Uluhia. No entanto tinha-se tornado um jovem. No dia anterior, preocupado, mirou o horizonte. Sabia que no dia seguinte colocar-se-ia em perigo, sob olhar do pai, o seu destino de filho de um chefe. Mas também estava consciente de que nada tinha sido vencido. Tinha estafado o seu corpo o suficiente para saber que cada vez acabava por ser derrotado pela força do oceano. O seu olhar esbarrou sobre um albatroz que acabara de aterrar na água ao longe. Estava a chegar a onda; o filho do chefe estava convencido de que o pássaro seria engolido. Mas para a sua surpresa não foi desta forma: o albatroz não enfrentou a onda embrenhando-se nela, mas deixou-se levar, seguindo o ritmo da ondulação. O filho do chefe levantou-se e exclamou:

— Percebi como domar Uluhia! Não devo afronta-lo ou combate-lo, mas acompanhá-lo como um amigo e deixar-me levar.

A vida é como a tal onda: por vezes terrível e inquietante; Afrontar tais eventos cabisbaixos e frontalmente não leva de forma alguma à serenidade. Aceita-os e deixa-os levar-te: navega com a vida, não contra ela.

| 58 |

| O MOMENTO PRESENTE |

UMA REGENERAÇÃO INTERIOR

« Tudo passa, as horas, as nuvens no céu, a vida dos homens, tida desde o nascimento até à morte. Não grudar-se à cronologia emotiva das coisas. É um péssimo modo de ver o mundo. Torna cada segundo uma experiência gratificante, sem preocupar-se do tempo que foge e das manhãs que não voltarão mais. O presente é a única coisa que não tem fim.»

Proverbio ameridiano

Dois dirigentes encontram-se diante da máquina de café:

— Tenho uma reunião às 11:00, Ah claro, e depois tenho de ir comprar uma sanduiche: terei trinta minutos para degluti-la; em seguida vou deixar o carro na garagem. Após isto volto: uma reunião oura vez. Depois, tenho vinte minutos para ir comprar o pão, em seguida devo ir buscar os meus filhos às 17:00. Por último regresso a casa, preparo-me para...

De repente cala...

— Que dia terrível... Deixa-me stressado...

O seu colega era calmo.

— Como é que consegues? Me parece que estás sempre relaxado. Temos os mesmos encontros e a mesma vida familiar.

— Oh sabes, nada de especial.

— Diga-me, tens alguém que faz tudo para ti? Tomas vitaminas? Como é que consegues estar sempre calmo?

— Nada de tudo isso. Quando estou a trabalhar, concentro-me simplesmente no trabalho; quando caminho, caninho; quando conduzo, conduzo; quando cozinho, cozinho…

O seu colega repara-o, atónito. Dir-te-ão as pessoas preocupadas que cada segundo do tempo apunhala-te e o último aniquila-te. Poderia ser suficiente para espevitar o teu desejo para desfrutar o momento.

Cada segundo é importante, cada segundo, ainda que passe numa cascata implacável, merece o teu apreço...

Cada segundo que chega é uma dádiva, é por isso que se chama «o presente».

| 59 |

| TORNAREM-SE VOCÊS MESMOS |

A CONFIANÇA EM SI PRÓPRIOS

*« Não arriscamos nada para tornarmo-nos o que já somos.
Conhecemos o valor da vida e o que pode gerar para ser
no mundo.
Deves apenas pôr energia ao ser tu mesmo. Descobrir a ti
mesmo é a chave.»*

Frédérique Deghelt

Era uma vez um corvo e a sua mulher que aguardavam com impaciência a abertura dos seus ovos. Por fim chegou o momento em que as pequenas cascas moveram-se, quebraram-se uma contra a outra e finalmente mostraram-se cinco pequenitas crias. Uma delas parecia mais pequenita ainda e o bico mais fino. Não importa, pensou o pai. Nutrindo-a perfeitamente, irá crescer rapidamente.

De facto, os progenitores não pouparam esforços para alimentar as crias.

Começaram a ensinar-lhe todo o necessário para ser um corvo, especialmente a forma de crocitar quando o céu for baixo e cinzento e gela a planura.

Pouco tempo depois as crias cresceram e aquelas mais crescidinhas começaram a cobrir-se de penas pretas. Qual foi a surpresa dos progenitores ao ver que o último, o mais pequenino, não feliz por não ter penas pretas, começou a tê-las aquelas vermelhas! Não só era ainda minúsculo, não só as suas penas não eram pretas, mas crocitava muito mal!

A cria encarnada, como vinha chamado, renunciou logo de tornar-se grande como os seus irmãos; sabia que não conseguiria.

Bem cedo cessou de crocitar com vigor e gravemente; sabia que não conseguiria.

Mas com o seu fio de voz estridente pensou em ter um trunfo na manga: cantava a partir da manhã até à noite.

E quando cessou com as tentativas para ser corvo, foi maravilhoso escutá-lo.

Logo devemos render-se à evidência. Era mais um pintarroxo do que um corvo, e todos deixaram-no tornar-se aquilo que era.

E assim foi, das árvores circunstantes, o pássaro mais lindo e o cantor mais talentoso.

Não deixe que alguém te diga como ser: sejas tu mesmo.

É a tua maior força interior.

| 60 |

| O HOMEM E O PÁSSARO |

AGIR COM SABEDORIA

*« Qualquer individuo, por muito que possa ser dono de si;
deixa fluir as tuas emoções mais dia, menos dia.»*

Dean Koontz

Um conto árabe narra a história de um homem que uma vez capturou um frágil pássaro, tao pequeno até que cabia na palma da sua mão. O pássaro tentou negociar a sua liberdade:

— Então o que espera de mim? Disse. Sou tao pequeno, tão magro, sou apenas pele e ossos! Solta-me! Em troca, dir-te-ei três verdades.

— Está bem, disse o homem. Mas como posso saber se as tuas verdades ser-me-ão uteis?

— É muito simples, dir-te-ei a primeira verdade ainda nas tuas mãos. Contar-te-ei a segunda quando estiver sobre o ramo desta árvore; pois, terás ainda o poder para me alcançar se a tal verdade não te satisfazer. Por último, dir-te-ei a terceira, mais importante, quando estiver lá em cima no céu.

— Está bem, disse o homem. Diga-me a primeira verdade.

— Se vier a perder alguma coisa, ainda que seja a tua vida, não deves arrepender-te.

Esta é uma verdade profunda, pensou o homem: a não afeição às formas exteriores, de uma forma concreta, é o segredo da verdadeira liberdade. Abriu a mão. O pássaro voou até ao ramo, do qual disse a sua segunda verdade:

— Se alguém for a te dizer um disparate, não leve em conta até que não prove o contrário.

— Muito bem, disse o homem. És muito mais sábio tal qual o teu minúsculo crânio de pássaro deixar-te-ia prever: os seres humanos, de facto, são naturalmente atraídos pelas mentiras e pelas ilusões! Mas qual é a terceira verdade?

— Tenho no estomago dois diamantes enormes cada um é como um dos teus punhos, afirmou o pássaro que no momento voava no céu. Se me tivesse aniquilado, terias consumado a tua riqueza.

Doido por raiva, o homem rogou pragas para o pássaro. Culpava-se por ser tao palerma e chorou pelo seu destino.

— Imbecil! Exclamou o pássaro. Já te disse para deixar de lamúrias por nada, e já te arrependes por me ter soltado!

Ter-te-ei dito para não acreditar de forma alguma nas tolices, e me deste credito quando afirmei que eu mesmo estando na palma da tua mão, tinha engolido dois diamantes enormes exatamente como os teus punhos!

Por causa da tua luxuria e da tua obtusão, não poderás de forma alguma voar pelo céu como eu.

As emoções podem rapidamente minar os nossos bons princípios e as nossas boas convicções. Não é o momento para conhecer profundamente o seu impacto sobre as nossas vidas?

| 61 |

| O HOMEM COM OS OLHOS ESTRANHOS |

NÃO JULGAR

« A minha beleza, ainda que medíocre, não precisa da maquilhagem dos teus elogios: a beleza vem estimada e evocada sobre o juízo dos olhos, e não sobre o humilhante elogio da língua interessada em elogiá-la.»

William Shakespeare

Desde criança, Pierre foi sempre olhado 'de traves', por usar eufemismo. Nasceu com os olhos estranhos, um olho azul e o outro castanho-escuro tanto assim que parecia preto.

Isto causou-lhe um complexo desde a infância, sentindo-se diferente e sistematicamente deixado de lado pelos outros. Do lado do coração perdeu a conta das vezes em que as raparigas o rejeitaram com "é demasiado estranho" ou "parece um monstro".

Até aos 40 anos Pierre não teve por acaso uma mulher ao seu lado, tendo-se fechado na convicção de que os seus olhos desemparelhados o tornassem feio. É do seu conhecimento, não obstante a sua idade e experiencia, o seu olhar estranho praticamente o desqualifica antecipadamente. Assim tomou uma decisão.

É precisamente pelo seu 40º aniversário que se presenteia com uma viagem para uma ilha paradisíaca no Oceano Pacifico. Mal que desceu do avião, Pierre não percebeu o que estava a ocorrer: as mulheres reparavam-no todas com um sorriso e, obviamente, desejavam agarrar-se ao seu braço.

Durante o caminho, as mulheres aproximavam-se dele, faziam algumas provocações. Fica surpreendido. Esta é a primeira vez que descobre o seu poder de sedução desta maneira.

Um residente esclarece:

— Temos uma lenda de acordo com a qual as pessoas com olhos de cores diferentes são protegidas pela nossa divindade local. Por cá, na nossa cultura, o facto de que tu estejas associado à prosperidade, à beleza e à benevolência. Não fiques surpreso pelo teu efeito nas mulheres daqui!

Assim, descobrindo que é um "homem atraente", estabelece-se na ilha, encontra uma mulher e constrói a vida.

A força de julgar o teu físico tendo como base critérios da nossa mente e da nossa sociedade, esquecemos o seu fascínio, o seu potencial de sedução, exterior e interior.

| 62 |

| UMA QUESTÃO DE PERCEÇÃO |

AS VIRTUDES DA PACIÊNCIA

« A perceção não é uma ciência do mundo, nem sequer um ato, uma posição deliberada, é o fundo sobre o qual perfilam-se todos os atos e é dele pressuposto.»

Maurice Merleau-Ponty

Dois amigos saem do cinema.

— Que filme! Esta história de um futebolista um pouco ingénuo que vem manipulado pelo sistema e pelos seus parentes, achei-o realmente tocante.

Agradou-me muito. Achei-o divertido e original.

— Divertido? Continua o seu amigo. Não o achei divertido, mas mais comovente e até triste… como pode o destino deste homem decente ser percebido como divertido?

— Pois então, não sei: é um personagem um pouco disparatado; lembra-me Charlot. Por isso, achei mais que bastante divertido vê-lo desenrascar-se desta forma. Não vejo nada triste e comovente, a meu ver.

— Mas depois, por fim, acaba mal para ele: vem exonerado pela sua equipa e torna-se um vendedor de fruta completamente anonimo quando poderia tornar-se uma estrela do futebol.

— Precisamente, por fim parece feliz: não tem claramente a gloria esperada mas o ultimo disparo da máquina fotográfica mostra-o sorridente...

Um filme, a mesma história e todavia duas diferentes perceções. É o mesmo na tua vida: o que experimentas e a perceção que dela tens é pessoal e subjetivo. Não há nada de absoluto.

Como preferes viver este ou aquele evento?

Qual será o teu angulo de perceção?

| 63 |

| ELOGIO À MUDANÇA |

UMA REGENERAÇÃO INTERIOR

« Viver é perder... Se podermos aceitar que nada é permanente e que a mudança é inevitável, se podermos adaptar, seremos mais felizes.»

Louise Penny

Uma lagarta rastejava dolorosamente sobre um ramo. Estava estourado. Sentia que o seu momento estava a chegar.

— Estou prestes a morrer e congelar-me-ei aqui, como uma pele seca. Ai de mim!

Recordava toda a sua vida: os seus encontros, as suas festas de tenras rebentações, os dias de chuva que tinham muito sabor.

— Como gostaria que tudo permanecesse como antes, que nada mudasse. Gostaria que o tempo parasse.

Uma borboleta parou ao seu lado, atraída pelas lamúrias da lagarta.

— Por que estás a chorar?

— Então, num ai deixarei este mundo com mágoa.

— Mas porque praguejar a mudança e apegar-se a uma espécie de fixidez. Tudo move-se, tudo muda. A tua mente deve ser igualmente flexível e experimentada ao abraçar esta mudança mais que congelá-la em ilusões.

— Ai de mim, ai de mim... não quero ter um fim imóvel sobre este ramo. Rastejei por toda a vida e aqui estou, a queixar-me desta vida.

— Sabes que num ai poderias transformar-te numa borboleta e voar com as asas magníficas?

Acolher a mudança mais que lutar com ela e apegar-se ao passado significa deixar que as maiores oportunidades da vida fluíam na tua.

| 64 |

| O JARDIM DO PRÍNCIPE |

ACONFIANÇA EM SI PRÓPRIOS

« Se calhar o olhar está sempre sob influência, e depende de uma capacidade de confronto de uma coisa com a outra.»

Vidiadhar Surajprasad Naipaul

Um príncipe tinha plantado toda espécie de árvores, plantas e flores em redor do seu castelo. O seu jardim era muito vasto e luxurioso. Todos os dias ali caminhava desfrutando a calma da sua casa.

Um dia teve que fazer uma viagem. Ao seu regresso, fazer uma caminhada breve no jardim foi a primeira coisa que fez. Mas as plantas e as arvores estavam a secar, coisa que o afetou, ele que tinha recordado a majestosidade do seu jardim. Dirigiu-se ao salgueiro, para procurar saber as razoes desta metamorfose. A árvore respondeu:

— Observei a pereira e me disse que jamais daria frutos tão lindos. Fiquei desencorajada. Eis porque comecei a secar.

O príncipe foi à procura da pereira, ela também moribunda. Interrogou-a por sua vez e disse:

— Observando a roseira e farejando-a o aroma, disse-me que jamais ficaria requintada e delicada. Comecei a secar, respondeu a árvore frutífera. Mas também a mesma roseira estava a consumar-se, o príncipe foi ao encontro dela para procurar saber e ela lhe disse:

— Gostaria tanto ser como o bordo que está lá em baixo. Gostaria que as minhas folhas não ganhassem a cor no outono. As minhas pétalas duram pouco: que sentido tem tudo isto? Assim comecei a enxugar-me.

Enfadado, o príncipe continuou na mesma a sua caminhada breve. De um momento para o outro viu uma linda florzinha. Estava completamente satisfeita. Ficou surpreendido e foi ao encontro dela para perguntar-lhe as razões da sua tranquilidade.

— Praticamente, eu também enxuguei. Fiquei primeiramente entristecido, achando que jamais teria a majestosidade de um salgueiro; nem o requinte e o aroma da roseira. Comecei a morrer, mas refleti e pensei: se o príncipe, que é rico, poderoso e sábio, e que criou este jardim, quisesse mais alguma coisa no meu lugar, a teria plantado. Se me plantou é porque precisava de mim, assim como sou. Desde aí decidi não comparar-se mais e dar o melhor de mim mesmo, para mim mesmo.

A nossa mente está muitas vezes inclinada ao desânimo e à equiparação. O amor, a confiança em si próprios e a autoestima são o terreno fértil da nossa vida intima.

| 65 |

| O SÍMIO |

NÃO JULGAR

« A mais bela sabedoria é de não ser sábio.»

Angelus Silesius

Um homem, depois de uma desilusão de amor, tinha decidido ir para India para mudar o cenário e afastar-se da mulher que lhe estava a causar tanta aflição interior.

Esperançado em tranquilizar a mente e encontrar um pouco de serenidade. Todavia, também ali, continuava a pensar nela. Onde quer que fosse, a qualquer hora, numa curva de um atalho ou num restaurante, a imagem daquela que lhe roubara o coração continuava a voltar e, com ela, emoções de tristeza e de amargura.

Era mais forte relativamente a ele. Agradar-lhe-ia tanto assim se ela estivesse ali, com ele, visitando aquele país.

Durante uma caminhada breve na floresta, num atalho que leva a uma colina que domina a cidade, ruminava vezes sem conta. Viu um sábio que estava mergulhado na meditação no meio da natureza, um pouco distante do atalho.

— Ah... Como gostaria de estar calmo como ele...

O sábio abriu os olhos e olhou o nosso viajante. Tomou-o como um convidado e começou um bate-papo.

— Admiro a tua tranquilidade. Como é que consegues ficar tao sereno?

O sábio apontou o dedo na direção de um macaco que passava, volteando em todas as direções, saltava de um ramo ao outro.

— A mente é como aquele macaco: sempre em movimento, sempre irrequieto. Está na sua natureza. Quando a minha inquieta-se, deixo-a estar e observo-a. É tudo.

Observando a nossa mente, de forma neutral e não judiciosa, temos o poder de compreender a natureza e, daí, de reduzir dela a influencia.

| 66 |

| HISTÓRIA DE UM HOMEM STACKANOVISTA |

AS VIRTUDES DA PACIÊNCIA

« Organizar não é pôr em ordem. É dar a vida.»

Jean-René Fourtou

No jardim está sentado um homem. Martino. Faz o ponto da sua vida. Está no fim. Dirigente numa grande empresa, acumula atrasos porque lhe é sempre pedido mais; sobretudo não quer desiludir o seu superior e, insistentemente, é arrastado pelo trabalho. Não consegue propriamente manter o passo. Tanto mais que, em casa, deve cuidar dos seus três filhos. Não tem mais tempo para praticar desporto, ver os seus amigos... Concretamente, está ao limite das suas energias. A sua vida tornou-se um cúmulo de incumbências por fazer, automaticamente e silenciosamente. Não tem mais alegria. Há bastantes... A exaustão psicofísica está à espreita.

Martino está possuído tanto assim pelos seus pensamentos que não presta atenção ao canto dos pássaros e ao rumor do vento entre as árvores. Inesperadamente, o seu olhar projeta-se sobre um velho sorridente, sentado sobre um banco, que prepara o chá. A simplicidade dos seus gestos e do seu rosto o convida para ir ao encontro dele.

— Bom dia. Estou a olhá-lo fixamente e parece tao sossegado, disse ao velho.

— Natureza e pássaros estão igualmente tranquilos, responde enquanto continua a preparar o seu chá.

— Ah sim… mas tenho pessoalmente tantas preocupações assim… Estou muito empenhado com o trabalho… Tenho três filhos…

Martino continua a elencar tudo o que parece errado na sua vida.

— Eis, disse o velho, oferecendo-lhe uma chávena de chá.

O nosso homem não presta praticamente atenção e continua a sua verborreia, enquanto o velho põe o chá. Um pouco depois, o liquido trasborda da chávena.

— Eh! Cuidado! Reage Martino.

— Como esta chávena, estás cheio do teu mesmo peso e dos teus pensamentos negativos, disse o velho. Como posso ser-te ajuda se não esvazia a tua chávena?

Saber sistematizar, pôr ordem na própria vida é o início do percurso para retomar o controlo dela.

| 67 |

| LASTIMAR-SE |

UMA REGENERAÇÃO INTERIOR

« Durante toda a nossa vida, julgamos o que nos sucede, nos alegramos, nos queixamos. Todavia, viemos a saber apenas ao último momento se havia o motivo de alegria ou de lástima. Nada é fixo, tudo evolui.»

Virginie Grimaldi

O diabo viera na terra com o desejo de fazer uma brincadeira de mau gosto aos homens. Naqueles dias divertia-se atormentando-os. Encontrou um pobre pastor e se apresentou a ele como um sábio.

— Como vai a vida, meu amigo? Perguntou.

— Oh, velho do bem, não muito bem... Sempre uma chatice, sempre à espera da noite para o prazer de regressar e deixar este nojento pasto até ao dia seguinte. Sempre à espera dos fogos de São João ou do Natal... Resumidamente, de uma ocasião para alegrar-me. O diabo sorriu. Os homens ingénuos rendem-se assim com todo o gosto. Tirou do bolso um novelo de lã e disse:

— Seja feliz, jovem pastor! Tenho a solução para o teu problema, e pela amizade, oferecer-ta-ei. Aqui está um novelo de lã. Desenrola-o um pouco e o dia passará num ápice. Desenrola-o posteriormente e um mês, um ano passará a teu bel-prazer. Nunca mais ficarás à espera em vão!

— Estás a dar-mo? É sério?

— Claro. Sem nenhuma hesitação, apraz-me ajudar os outros.

E assim deixou o pastor com o novelo de lã. No dia seguinte, para eximir-se de uma longa e dolorosa jornada ao cuidado dos seus animais, o pastor desenrolou a bola e num ápice chegou a noite. Vendo-se ao cair da noite na sua cama mal levantou-se, encontrou aquele maravilhoso objeto! O pastor ganhou o hábito de desenrolar a bola em todas as ocasiões: quando caia a chuva, quando fazia calor de estoirar, quando as festas eram bastante longas, quando estava triste, quando o aguardava algo aborrecido ou quando um encontro galante o fazia perder a paciência. Um dia quis jogar a bola mas não podia mais suportar a dor nas pernas, notou os seus dedos velhos, contorcidos e insensíveis.

Depois o corpo começou a tremer no seu todo. E poderia jurar por ter ouvido rebentar uma gargalhada.

Queixar-se do próprio destino é a forma mais segura para perder a própria vida.

| SENTENÇA ANTECIPADA |

NÃO JULGAR

« As ondas são uma pequena coisa relativamente ao oceano»

Claude Lelouch

Um homem estava a observar o mar com o seu filho.

Sempre tinham vivido ali, vivendo de caranguejos, conchas, algas e peixes, como todos os outros no vilarejo. O clima era rígido, frio, nebuloso. O mar parecia terrível e rugidor. Mas, como conchas agarradas à sua rocha, aqueles homens mantiveram-se ali.

— Diga-me, papá, perguntou o filho.

— Sim?

— "Por que não vamos para o outro lado do mar?"

O pai olhou fixamente e severamente ao filho:

— Olha para o mar, e o que estás a ver?

— Uh... Vejo o horizonte.

— E atrás?

— Nada.

— Certo. Não há nada além do horizonte. E é ali que tencionas que a gente vá?

O filho não responde. Soprava o vento, berravam algumas gaivotas.

— Mas os pássaros, papá... Por vezes não os vejo chegar vindo do horizonte?

— Eles sabem voar sobre o nada, nós não.

O petiz não parecia convencido. Enfadado ao vê-lo tao obstinado, o pai (que na vida tinha observado muito as coisas,) continuou:

— Olha as ondas. O que consegues ver?

— Rebentam sobre a arreia.

— Exato. Então em que direção estão a ir?

— Para a terra.

— "Por que, então, deveríamos tentar irmos lá quando as vagas inevitavelmente rechaçar-nos-iam para aqui?"

Ver faz julgar. Mas nunca temos a certeza de estarmos a ver bem e nunca temos a certeza de estarmos a julgar bem.

| EPÍLOGO |

Esta é a sexagésima nona história. Gostaria, em forma de conclusão, narrar-vos os efeitos que as pequenas fábulas da *mindfulness* tiveram sobre a minha vida, que instigou-me a escrever algumas para partilhá-las convosco.

Sou um médico. Pode-se relevar o paradoxo deste livro: a minha formação científica leva-me naturalmente ao racionalismo. Os princípios da plena consciência não estão realmente na minha cultura ou na minha formação medica (ao menos quando estudava). Mas como médico, estou mesmo em contacto com pacientes cujos distúrbios são frequentemente devido em parte aos problemas internos.

Eu mesmo fui arrastado neste vórtice de vida sobrecarregada. Tive sempre problemas para adormecer e depois, um dia, percebi que sofria de insónias.

A insónia veio para afetar a minha vida e devastá-la. Por fim era apenas o ponto de viragem depois de muitos anos de acumulação de trabalho e chatices.

Foi neste momento da minha vida, em que lutava para adormecer todas as noites, que examinei o que era a consciência. Experimentara diversos contactos sem obter nada. Até que aprendi a deixar-me estar e desenvolvi as virtudes da paciência e da aceitação, quando o corpo não tenciona adormecer.

Os sonhos e o mundo do sono sempre fascinaram-me. Através do meu trabalho pude encontrar pessoas acometidas por apneia obstrutiva do sono; desde então, fiquei consciente da importância da respiração nasal para um sono tranquilo.

O sono é na verdade um momento chave para mim. Nas nossas sociedades modernas, a sua importância é negligenciada. Dormir é "perder tempo" para a maior parte das pessoas. Todavia, os efeitos e os benefícios do sono influem sobre todos os aspetos da nossa vida: saúde, dinamismo, moral, memoria, etc.

A minha pesquisa neste sector levou-me a estudar os rituais que promovem o sono. Devagarinho examinei, selecionei os "métodos" mais eficazes para encontrar um sono sereno e natural. Mudar a leitura de histórias positivas com o princípio da consciência é o ideal.

Este livro é um convite para todos aqueles que pretendem dormir sonos tranquilos, depois de uma jornada de fadiga e stresse. São leituras que não requerem nenhum esforço, nem alguma contorção. Deixa simplesmente que cada história inspira-se na noite e modificas gradualmente o teu inconsciente durante uma vida mais serena.

Deixa que o seu poder trabalhe dentro de ti. Deixa que o teu subconsciente absorva as histórias positivas e volta a programar gradualmente.

Não é verdade que a noite é boa conselheira?

| AGRADECIMENTOS |

Por meio desta maravilhosa paixão que é curativo, a escrita deste livro gerou uma maravilhosa aventura rica de encontros e surpresas. Obrigado a vocês!

Os meus agradecimentos são muitos porque encarnam a natureza profundamente participativa desta publicação. Portanto gostaria de agradecer a todos aqueles que me ajudaram participando, suportando e partilhando o projeto. O vosso envolvimento e o vosso suporte motivam-me para continuar a escrever e partilhar convosco esta satisfação. Vai um meu abrigado com todo o coração!

Realmente, que sorte ter-vos ao meu lado!

Obrigado à minha família, aos meus amigos e aos meus colegas, mas também à toda comunidade de meditação pelo vosso auxílio, suporte e participação!

www.ingramcontent.com/pod-product-compliance
Lightning Source LLC
LaVergne TN
LVHW010340200726

843507LV00010B/1580